EINFACH GUT

Kristiane Müller-Urban

Ravioli, Apfeltaschen, Calzone & Co.

Teigtaschen

FALKEN

Inhalt

Zu diesem Buch

Vor vielen tausend Jahren kam irgendwo auf der Welt eine findige Frau auf die Idee, Getreidekörner zwischen schweren Steinen zu Mehl zu verarbeiten. Mit ein wenig Wasser oder Milch und 1 bis 2 Eiern verknetete sie das Mehl zu einem Teig, formte dünne Fladen und buk sie über loderndem Feuer oder auf heißen Steinen. Schließlich wurde der Teig noch mit etwas Fleisch, Gemüse oder Käse gefüllt, mit feinen Kräutern gewürzt – und fertig waren die ersten Teigtaschen!
Als Umhüllungen der feinen Füllungen können fast alle ausrollbaren Teige verwendet werden. Auf den folgenden Seiten nennen wir Ihnen die fünf besten Teige für Teigtaschen. Gefüllte Teigtaschen werden gebacken, gebraten, gedämpft oder gekocht.
Für die problemlose und schnelle Herstellung von Teigtaschen gibt es heute Teigtaschenformer in verschiedenen Größen im Fachhandel zu kaufen. Aber auch ohne ein solches Gerät können Sie Teigtaschen herstellen (siehe Seite 5).
Zum Füllen eignen sich Fleisch, Geflügel und Innereien, Bratenreste und Wurst, Fisch und Meeresfrüchte, Gemüse und Käse, Obst, Nüsse, Konfitüre und Quark. Aus diesen leckeren Sachen lassen sich mit allerlei Gewürzen und Kräutern die feinsten Füllungen zaubern.
Alle in diesem Buch vorgestellten Teigtaschen lassen sich gut für 2 bis 3 Monate einfrieren. Gebackene Teigtaschen werden im warmen Backofen aufgetaut, gedämpfte und gekochte Teigtaschen können über Dampf oder in siedendem Salzwasser oder in Brühe erhitzt werden.
Zu Ihrer Orientierung finden Sie über jedem Rezeptfoto ein Stichwort zur Geschmackscharakteristik und eines zum zeitlichen Gesamtaufwand.
Dabei definieren wir:

schnell: Das Gericht ist in maximal 1/2 Stunde fertig.
braucht Zeit: Das Gericht ist in maximal 1/2 bis 1 1/2 Stunden fertig.
zeitintensiv: Die Zubereitung des Gerichts dauert länger als 1 1/2 Stunden.

Die Zeitbegriffe beinhalten die Zubereitungs- und Garzeit sowie sämtliche Sonderzeiten.
Bei der Zubereitung gehen wir davon aus, daß Salat, Gemüse, Kräuter, Fleisch etc. bereits geputzt bzw. gewaschen sind. Diese Arbeitsgänge werden daher in den Rezepten nicht mehr gesondert erwähnt.
Backzeiten und Temperaturangaben beziehen sich auf einen Elektroherd mit Ober- und Unterhitze. Falls Sie einen Gas- oder Umluftherd besitzen, müssen Sie die in den Rezepten angegebenen Werte entsprechend den Angaben des Geräteherstellers umrechnen.

Abkürzungen:

EL	= Eßlöffel (gestrichen)
TL	= Teelöffel (gestrichen)
Msp.	= Messerspitze
Bd.	= Bund
P.	= Päckchen
TK-...	= Tiefkühl-...
l	= Liter
ml	= Milliliter
kg	= Kilogramm
g	= Gramm
kcal	= Kilokalorien
ca.	= circa
Min.	= Minute(n)
Std.	= Stunde(n)
°C	= Grad Celsius
Ø	= Durchmesser

Die Rezepte sind für **4 Personen** berechnet.
Die **Kalorienangaben** beziehen sich immer auf **1 Portion**, außer im Kapitel „Süße Teigtaschen". Dort sind die Kalorien pro Teigtasche angegeben.

DIE TEIGE

In diesem Kapitel wird die Zubereitung der für die Rezepte nötigen Teige beschrieben. Zusätzlich können Sie auch fertigen TK-Blätterteig verwenden. Die hergestellten Teige lassen sich auch hervorragend in größeren Mengen zubereiten und portionsweise einfrieren.

Mürbeteig

- Für etwa 12 Teigtaschen, ca. 10 cm Ø
- Für etwa 4 Teigtaschen, ca. 16 cm Ø
- Zubereitungszeit: ca. 1/4 Std.
- Kühlzeit: ca. 1 Std.
- Ruhezeit: ca. 1/2 Std.
- 600 kcal je Portion

300 g Mehl
2 Msp. Salz
1 Ei
150 g Butter
2–3 EL Eiswasser
Mehl zum Bearbeiten

1. Das Mehl in eine Schüssel sieben. Das Salz, das Ei und die Butter in Flöckchen dazugeben und locker verkneten.

2. Zunächst 2 Eßlöffel Eiswasser (aus geschmolzenen Eiswürfeln) darüber geben und alle Zutaten zu einem glatten Teig verkneten. Bei Bedarf noch etwas Eiswasser hinzufügen.

3. Den Teig zu einer Kugel formen, in Frischhaltefolie wickeln und 1 Stunde kühl stellen.

4. Den Teig aus dem Kühlschrank nehmen und $1/2$ Stunde vor dem Verarbeiten bei Zimmertemperatur ruhen lassen. Anschließend zwischen Frischhaltefolie dünn ausrollen. Wie auf S. 5 beschrieben 12 bzw. 4 Kreise mit 10 bzw. 16 cm Ø ausstechen und füllen.

Teig ausrollen, formen und füllen

1. Den Teig ausrollen
Legen Sie den Teig zwischen Frischhaltefolie und rollen Sie ihn dann aus. So sparen Sie Mehl, das den Teig hart und brüchig werden lassen kann. Deshalb müssen Sie auf Mehl ausgerollten Teig gut mit einem Küchenpinsel vom überschüssigen Mehl befreien. Der Nudelteig läßt sich am besten mit Hilfe einer Nudelmaschine sehr dünn ausrollen.

2. Die Teigtaschen formen
Im Fachhandel gibt es verschieden große Teigtaschenformer. Ihre Unterseite ist so konstruiert, daß Sie damit den ausgerollten Teig ausstechen können.
Falls Sie keine Teigtaschenformer besitzen, genügen zum Ausstechen des ausgerollten Teigs auch Gläser und Schüsseln verschiedener Größe. Tauchen Sie deren Rand öfter in etwas Mehl, damit sich der Teig besser löst. Darüber hinaus können Sie den Teig mit einem scharfen Messer oder einem Teigrädchen in Quadrate teilen.

3. Die Teigtaschen füllen
Wenn Sie die Teigtaschen ohne Teigtaschenformer herstellen, müssen Sie die Teigränder mit Wasser oder Eiweiß bestreichen, nach dem Füllen zusammenklappen und gut andrücken. So können sie sich beim Backen oder Kochen nicht öffnen.
Damit der Teig sich leichter aus dem Teigtaschenformer löst, empfiehlt es sich, diesen mit etwas Mehl dünn zu bestäuben. Je nach Handhabung quillt beim Zusammenpressen der gefüllten Tasche etwas Teig über den Rand hinaus. Diesen einfach entfernen und neu ausrollen.
Für die Anzahl und Größe der Teigtaschen sind ungefähre Angaben im Rezeptkopf vermerkt. Je dünner Sie den Teig ausrollen, desto mehr Teigtaschen erhalten Sie. Wer seine Teigtaschen nicht so üppig füllt, kann andererseits etwas Füllung übrig behalten.

Nudelteig

- Für etwa 50 Teigtaschen, ca. 10 cm Ø
- Zubereitungszeit: ca. 1/4 Std.
- Ruhezeit: ca. 1 Std.
- 380 kcal je Portion

300 g Mehl
2 Eier
1/2 TL Salz
2 EL Öl
Mehl zum Bearbeiten

1. Das Mehl in eine Schüssel sieben. Die Eier, das Salz und das Öl dazugeben und alles zu einem glatten Teig verarbeiten.

2. Den Teig etwa 10 Minuten kräftig kneten, bis die Oberfläche glänzt und der Teig elastisch ist. Anschließend zu einer Kugel formen, abdecken und bei Zimmertemperatur mindestens 1 Stunde ruhen lassen.

3. Den Teig vierteln und am besten mit Hilfe einer Nudelmaschine oder auf einer leicht bemehlten Fläche 1 bis 2 mm dünn ausrollen. Wie auf S. 5 beschrieben etwa 50 Kreise mit ungefähr 10 cm Ø ausstechen und füllen.

Hefeteig

- Für etwa 14 Teigtaschen, ca. 12 cm Ø
- Zubereitungszeit: ca. 20 Min.
- Ruhezeit: ca. 1 Std.
- 770 kcal je Portion

500 g Mehl
30 g Hefe
1 TL Zucker
ca. 1/8 l lauwarme Milch
Mehl zum Bearbeiten
1/2 TL Salz
1 Ei
125 g weiche Butter

1. Das Mehl in eine angewärmte Schüssel sieben. Mit einem Löffel eine Mulde in die Mitte drücken und die Hefe hineinbröckeln. Den Zucker darüber geben und die Hefe mit etwas Mehl vom Rand und etwas lauwarmer Milch glattrühren.

2. Die Schüssel mit einem Tuch abdecken und den Vorteig 10 Minuten an einem warmen Ort stehen lassen.

3. Den aufgegangenen Vorteig mit etwas Mehl bestäuben, das Salz, das Ei, die weiche Butter und, bis auf einen kleinen Rest, die Milch dazugeben. Alle Zutaten zu einem glatten Teig verkneten. Falls der Teig zu trocken ist, noch etwas lauwarme Milch dazugießen.

4. Den Teig kräftig kneten, bis er glatt und elastisch ist. Anschließend zurück in die Schüssel legen, mit einem Tuch abdecken und an einem warmen Ort 1/2 bis 3/4 Stunde gehen lassen, bis sich das Teigvolumen verdoppelt hat.

5. Anschließend den Teig vierteln zwischen Frischhaltefolie dünn ausrollen. Wie auf S. 5 beschrieben etwa 14 Teigkreise mit ungefähr 12 cm Ø ausstechen und füllen.

Quark-Öl-Teig

- Für etwa 18 Teigtaschen, ca. 10 cm Ø
- Zubereitungszeit: ca. 20 Min.
- Ruhezeit: ca. 1 Std.
- 600 kcal je Portion

200 g Magerquark
7 EL Milch
6 EL Maiskeimöl
1/2 TL Salz
1 TL Zucker
1 Ei
400 g Mehl
1/2 Würfel Hefe
Mehl zum Bearbeiten

1. Den Quark mit der Milch und dem Öl glattrühren. Das Salz, den Zucker, das Ei und das gesiebte Mehl dazugeben und locker mischen.

2. Die Hefe darüber bröckeln und alles zu einem glatten Teig verarbeiten. Den Teig so lange kneten, bis er glänzt und elastisch ist. Anschließend zu einer Kugel formen, zurück in die Schüssel legen, mit einem Tuch abdecken und an einem warmen Ort etwa 1 Stunde ruhen lassen, bis sich das Teigvolumen verdoppelt hat.

3. Den Teig noch einmal durchkneten und zwischen Frischhaltefolie dünn ausrollen. Wie auf S. 5 beschrieben etwa 18 Teigkreise mit ungefähr 10 cm Ø ausstechen und füllen.

Kartoffelteig

- Für etwa 16 Teigtaschen, ca. 10 cm Ø
- Zubereitungszeit: ca. 3/4 Std.
- Ruhezeit: ca. 1/2 Std.
- 430 kcal je Portion

500 g vorwiegend festkochende Kartoffeln
1 TL Salz
2 EL Butter
1 Ei
1/2 TL Salz
60 g Speisestärke
ca. 120 g Mehl
Mehl zum Bearbeiten

1. Die gewaschenen, ungeschälten Kartoffeln in wenig Salzwasser 1/2 Stunde kochen, abgießen, pellen und zerstampfen oder durch die Kartoffelpresse drücken.

2. Die heiße Kartoffelmasse mit der Butter, dem Salz und der Speisestärke glattrühren. Anschließend so viel gesiebtes Mehl dazugeben und unterarbeiten, bis der Teig fest und gut formbar ist.

3. Den Kartoffelteig bei Zimmertemperatur 1/2 Stunde ruhen lassen, dann auf einer leicht bemehlten Fläche dünn ausrollen. Wie auf S. 5 beschrieben etwa 16 Kreise mit ungefähr 10 cm Ø ausstechen und füllen.

PIKANTE TEIGTASCHEN

Da kann kein Mensch widerstehen, wenn ihm der Duft von heißen, goldgelben und knusprigen Teigtaschen in die Nase steigt! Versuchen Sie die würzigen Füllungen mit Fleisch, Geflügel, Fisch und Meeresfrüchten.

Maultaschen

- Für etwa 16 Teigtaschen, ca. 12 cm Ø
- Zubereitungszeit: ca. 1 Std. 20 Min.
- Ruhezeit: 1 Std.
- ca. 760 kcal je Portion
- Zum Kochen
- Dazu paßt Kartoffelsalat

1/2 Rezept Nudelteig (S. 6)
80 g durchwachsener Speck
1 Zwiebel, 1 Knoblauchzehe
1 EL Öl
2 Scheiben altbackenes Toastbrot
500 g gemischtes Hackfleisch
250 g TK-Spinat, 2 Eier
3 EL gehackte Petersilie
1 TL scharfer Senf
1 EL Salz, Pfeffer aus der Mühle
1 TL getrockneter Thymian
Mehl zum Bearbeiten

1. Den Nudelteig zubereiten und ruhen lassen. Inzwischen den Speck fein würfeln und in dem heißen Öl 5 Minuten braten. Aus der Pfanne nehmen.

2. Die Zwiebel und den Knoblauch schälen und fein hacken. In der heißen Pfanne unter Wenden weich, aber nicht braun braten. Das Brot entrinden, mit lauwarmem Wasser begießen und gut ausdrücken.

3. Den Speck mit den Zwiebeln und dem ausgedrückten Brot in einer Schüssel mischen. Das Hackfleisch, den aufgetauten und gut ausgedrückten Spinat sowie die Eier dazugeben. Alles grob mischen und mit der Petersilie, dem Senf, Salz, Pfeffer und Thymian würzen.

4. Den Teig mit einer Nudelmaschine oder auf einem großen bemehlten Tuch 1 bis 2 mm dünn ausrollen. Wie auf S. 5 beschrieben etwa 16 Kreise mit ungefähr 12 cm Ø ausstechen. Jeweils mit 2 Eßlöffeln Fleischmasse füllen.

5. Reichlich Salzwasser oder Fleischbrühe in einem großen Topf zum Kochen bringen und die Maultaschen darin nach und nach 10 bis 15 Minuten garziehen lassen.

Variation:
Sie können die gegarten Maultaschen in der heißen Brühe servieren oder 200 g Zwiebelringe in 100 g Butter bräunen, mit 2 Eßlöffeln Semmelbrösel mischen und über die Maultaschen geben.
Sie können die gekochten Maultaschen aber auch, nach Geschmack paniert, in einer großen Pfanne in Butter braten, mit verschlagenen Eiern übergießen und langsam stocken lassen.

ZEITINTENSIV
SCHWÄBISCH

Mett-Taschen

- Für etwa 16 Teigtaschen, ca. 10 cm Ø
- Zubereitungszeit: ca. 1 Std.
- ca. 640 kcal je Portion
- Zum Backen
- Dazu paßt Sauerkrautsalat

300 g TK-Blätterteig
2 Bund Frühlingszwiebeln
2 EL Schmalz
250 g ungewürztes Schweinemett
3 Eigelb, 1 gekochte Kartoffel
$^1/_2$ TL geschrotete Pfefferkörner
1 TL edelsüßes Paprikapulver
etwas Salz, 1 Msp. Zimt
4 TL getrockneter Majoran
Mehl zum Bearbeiten

1. Den Blätterteig antauen lassen. Die Platten leicht überlappend nebeneinander legen und zwischen Frischhaltefolie dünn ausrollen. Wie auf S.5 beschrieben etwa 16 Teigkreise mit 16 cm Ø ausstechen.

2. Von den Frühlingszwiebeln nur den weißen und hellgrünen Teil in sehr dünne Scheiben schneiden. Im heißen Schmalz weich dünsten.

3. Die Zwiebeln in einer Schüssel abkühlen lassen. Die Kartoffel hineinreiben und das Mett, 1 Eigelb, Pfeffer, Paprikapulver, etwas Salz, den Zimt sowie 1 Teelöffel Majoran hinzufügen. Alle Zutaten gut miteinander mischen. Die Teigkreise mit jeweils 1 Eßlöffel davon füllen.

4. Den Backofen auf 220 °C vorheizen. Die Teigtaschen auf ein mit kaltem Wasser abgespültes Backblech legen. Restliche Eigelbe mit etwas Wasser verrühren, die Teigtaschen damit bestreichen und mit einer Gabel mehrmals oben einstechen. Mit dem restlichen Majoran bestreuen und 15 bis 20 Minuten backen. Heiß servieren.

Ragouttaschen

- Für etwa 4 Teigtaschen, ca. 16 cm Ø
- Zubereitungszeit: ca. 1 Std. 10 Min.
- Kühlzeit: ca. 1 Std.
- ca. 870 kcal je Portion
- Zum Backen
- Dazu paßt Karottengemüse

40 g Schinkenspeck, 1 TL Öl
1 Rezept Mürbeteig (S. 4)
2 Zwiebeln, 80 g TK-Erbsen
250 g Bratenreste
$^1/_2$ Bund glatte Petersilie
$^1/_2$ Bund Dill
3 Eigelb, 2 EL gekochter Reis
Salz, Pfeffer aus der Mühle
Mehl zum Bearbeiten, Curry

1. Den Schinkenspeck in winzige Würfel schneiden und im heißen Öl knusprig braten. Abkühlen lassen. Inzwischen den Mürbeteig zubereiten. Den abgekühlten Speck unter den Teig kneten. Diesen kühl stellen.

2. Die Zwiebeln sehr fein hacken. Die Erbsen in wenig Wasser garen und abgießen. Beides miteinander mischen. Die Bratenreste fein würfeln und die Kräuter fein hacken, dann zu dem Gemüse geben. 1 Eigelb und den Reis zufügen und alle Zutaten mischen. Die Füllung mit Salz und Pfeffer abschmecken.

3. Den Backofen auf 190 °C vorheizen. Den Teig zwischen Frischhaltefolie dünn ausrollen. Wie auf S. 5 beschrieben 4 Kreise mit etwa 16 cm Ø ausstechen und mit jeweils $^1/_4$ der Ragoutmasse füllen.

4. Die Teigtaschen auf ein mit Backpapier ausgelegtes Backblech setzen. Restliche Eigelbe mit etwas Wasser verrühren und die Teigtaschen damit bestreichen. Mit etwas Curry bestäuben und in 15 bis 20 Minuten goldgelb backen. Heiß servieren.

Scharfe Hackfleischtaschen

- Für etwa 8 Teigtaschen, ca. 12 cm Ø
- Zubereitungszeit: ca. 1 1/4 Std.
- Kühlzeit: ca. 1 Std.
- ca. 800 kcal je Portion
- Zum Backen
- Dazu paßt Crème fraîche

1 Rezept Mürbeteig (S. 4)
1 EL Tomatenmark
2 Schalotten, 2 Knoblauchzehen
1 EL Olivenöl, 1 rote Chilischote
1 hartgekochtes Ei
300 g Tatar, 3 Eigelb
1/2 TL Salz, 9 Weinblätter
1 EL frische Thymianblätter

1. Den Mürbeteig zubereiten, dabei das Tomatenmark unterkneten, und kühl stellen. Die Schalotten und den Knoblauch schälen und fein würfeln. Beides im heißen Olivenöl in einer Pfanne weich, aber nicht braun dünsten.

2. Die Chilischote eventuell entkernen und klein würfeln. Mit den Zwiebeln und dem Knoblauch in einer Schüssel mischen. Das Ei pellen, fein würfeln und dazugeben.

3. Das Tatar, 1 Eigelb und Salz hinzufügen. Alles gut verkneten. Die Weinblätter unter kaltem Wasser abspülen und mit Küchenpapier trockentupfen.

4. Den Backofen auf 190 °C vorheizen. Den Teig zwischen Frischhaltefolie dünn ausrollen. Wie auf S. 5 beschrieben insgesamt 8 Kreise mit 12 cm Ø ausstechen, je mit 1 Weinblatt belegen und mit 2 Eßlöffeln Tatarmasse füllen.

5. Die Teigtaschen auf ein mit Backpapier ausgelegtes Backblech setzen. Restliche Eigelbe mit etwas Wasser verrühren und die Teigtaschen damit bestreichen. Mit den Thymianblättchen bestreuen und 15 bis 20 Minuten backen. Heiß servieren.

Hähnchenbrusttaschen

- Für etwa 8 Teigtaschen, ca. 12 cm Ø
- Zubereitungszeit: ca. 1 Std.
- Kühlzeit: ca. 1 Std.
- ca. 940 kcal je Portion
- Zum Backen
- Dazu paßt grüner Salat

1 Rezept Mürbeteig (S. 4)
100 g dänischer Frühstücksspeck
250 g Hähnchenbrustfilet
3 EL Geflügelleberwurst
3 Eigelb, 1 kleiner Apfel
1 TL getrockneter Majoran
etwas abgeriebene Zitronenschale
Salz, Pfeffer aus der Mühle
$^1/_2$ TL edelsüßes Paprikapulver
Mehl zum Bearbeiten
1 TL getrockneter Thymian

1. Den Mürbeteig zubereiten und kühl stellen. Den Speck quer in schmale Streifen schneiden, in einer heißen Pfanne knusprig braten und zum Abtropfen auf Küchenpapier legen.

2. Die Hähnchenbrust in feine Streifen schneiden. Im verbliebenen Speckfett unter Wenden 2 Minuten anbraten. Mit dem Speck mischen.

3. Die Wurst mit 1 Eigelb verrühren und zum Fleisch geben. Apfel schälen und fein würfeln. Mit Majoran, Zitronenschale, Salz, Pfeffer sowie Paprika zum Fleisch geben. Alles mischen.

4. Den Backofen auf 190 °C vorheizen. Den Teig zwischen Frischhaltefolie dünn ausrollen. Wie auf S. 5 beschrieben etwa 8 Kreise mit ungefähr 12 cm Ø ausstechen und jeweils mit 2 Eßlöffeln Hähnchenmasse füllen.

5. Die Teigtaschen auf ein mit Backpapier ausgelegtes Backblech setzen. 2 Eigelbe mit etwas Wasser verrühren, die Teigtaschen damit bestreichen, mit Thymian bestreuen und 15 bis 20 Minuten backen. Heiß servieren.

Leber-Apfel-Taschen

- Für etwa 16 Teigtaschen, ca. 10 cm Ø
- Zubereitungszeit: ca. 1 Std.
- Ruhezeit: ca. $^1/_2$ Std.
- ca. 760 kcal je Portion
- Zum Kochen
- Dazu paßt Apfelmus

1 Rezept Kartoffelteig (S. 7)
300 g Zwiebeln, 3 EL Butter
350 g Leber, etwas Mehl
1 säuerlicher Apfel, 1 TL Honig
1 EL Semmelbrösel
Salz, Pfeffer aus der Mühle
1 Msp. Curry
2 l Gemüsebrühe, 80 g Butter

1. Den Kartoffelteig zubereiten. Ruhen lassen. Die Zwiebeln schälen. 1 Zwiebel fein hacken, die anderen beiden in dünne Scheiben schneiden. Die Zwiebelwürfel in der heißen Butter Farbe annehmen lassen.

2. Die Leber mit Mehl bestäuben, zu den Zwiebeln geben und unter Wenden 5 Minuten braten. Den Apfel schälen, grob zur Leber raffeln und weitere 3 Minuten dünsten. Die Leber herausnehmen und fein würfeln, dann wieder zurück in die Pfanne geben.

3. Die Füllung mit Honig, Semmelbröseln, etwas Salz, Pfeffer und Curry mischen, noch einmal erhitzen, dann abkühlen lassen.

4. Den Teig zwischen leicht bemehlter Frischhaltefolie dünn ausrollen. Wie auf S. 5 beschrieben ungefähr 16 Kreise mit etwa 10 cm Ø ausstechen und mit jeweils 1 Eßlöffel Lebermasse füllen.

5. Die Brühe erhitzen und die Teigtaschen darin portionsweise in etwa 10 Minuten garziehen lassen. Die Butter erhitzen, die Zwiebelringe darin goldgelb rösten und über die abgetropften Teigtaschen geben.

Nierentaschen mit Auberginen

- Für etwa 8 Teigtaschen, ca. 12 cm Ø
- Zubereitungszeit: ca. 1 1/2 Std.
- Kühlzeit: 1 Std.
- ca. 860 kcal je Portion
- Zum Backen
- Dazu paßt Kräuter-Crème-fraîche

1 Rezept Mürbeteig (S. 4)
250 g Kalbsnieren, 200 g Auberginen
1 unbehandelte Orange, 3 EL Olivenöl
2 Knoblauchzehen, 1 Zwiebel
Salz, 1 TL Rosenpaprika
2 EL gehackter Dill, 2 EL gekochter Reis
Mehl zum Bearbeiten, 1 Eigelb

1. Den Backofen auf 220 °C vorheizen. Den Mürbeteig zubereiten. Kalbsnieren 1/2 Stunde in kaltem Wasser ruhen lassen. Auberginen im Ofen etwa 1/2 Stunde erhitzen. Das Fruchtfleisch mit einem Löffel auskratzen. Temperatur auf 190 °C zurückstellen. Etwas Schale zum Auberginenpüree reiben, den Saft auspressen und dazugießen. Die Schale der anderen Hälfte mit einem Zestenreißer in schmale Streifen schneiden und beiseite legen.

2. Die Nierchen trockentupfen, fein würfeln und in 2 Eßlöffeln heißem Öl anbraten. Knoblauch und Zwiebel fein würfeln, beides mit den Nieren weitere 3 Minuten dünsten. Mit dem Auberginenpüree mischen und mit Salz, Pfeffer, Paprika und Dill würzen. Den Reis unterrühren.

3. Den Teig zwischen Frischhaltefolie dünn ausrollen. Wie auf S. 5 beschrieben 8 Kreise mit ungefähr 12 cm Ø ausstechen und jeweils mit 2 Eßlöffeln Masse füllen. Die Teigtaschen auf ein mit Backpapier ausgelegtes Backblech setzen. Das Eigelb mit dem restlichen Öl mischen. Die Teigtaschen damit bestreichen, mit der Orangenschale bestreuen und 15 bis 20 Minuten backen. Heiß servieren.

Kalbsbriestaschen

- Für etwa 16 Teigtaschen, ca. 10 cm Ø
- Zubereitungszeit: ca. 1 1/4 Std.
- Ruhezeit: 1/2 Std.
- ca. 680 kcal je Portion
- Zum Kochen
- Dazu paßt Brokkolipüree

1 Rezept Kartoffelteig (S. 7)
400 g Kalbsbries
1 Zwiebel, 1 Knoblauchzehe
100 g Butter, 150 g Champignons
1/2 TL Kurkuma (Gelbwurz)
3 EL gehackte Petersilie
Salz, 2 Eier, Pfeffer aus der Mühle
frisch geriebene Muskatnuß
Mehl zum Bearbeiten

1. Den Teig zubereiten. Das Bries abspülen und 10 Minuten in kaltes Wasser legen. Die Zwiebel und den Knoblauch fein würfeln. In 2 Eßlöffeln heißer Butter in einer Pfanne glasig dünsten. Die Pilze fein würfeln, dazugeben und bei starker Hitze kurz braten. Mit Kurkuma und Petersilie würzen. Beiseite stellen.

2. Das Bries häuten, von den Blutgefäßen befreien und in Salzwasser 5 Minuten garziehen lassen. Abgetropftes Bries würfeln und zur Zwiebel-Champignon-Mischung geben. 3 Eßlöffel Butter hinzufügen, alles kurz erhitzen, mit Salz abschmecken. Eier verrühren, mit Salz, Pfeffer, Muskatnuß würzen und bei mittlerer Hitze stocken, dann abkühlen lassen.

3. Den Teig zwischen leicht bemehlter Frischhaltefolie dünn ausrollen. Wie auf S. 5 beschrieben etwa 16 Teigkreise mit 10 cm Ø ausstechen und mit jeweils 1 Eßlöffel Füllung füllen. In einem großen Topf Salzwasser zum Kochen bringen. Die Teigtaschen darin etwa 10 Minuten garziehen lassen. Restliche Butter erhitzen und die Teigtaschen darin auf beiden Seiten leicht bräunen.

Blutwursttaschen mit Äpfeln

- Für etwa 12 Teigtaschen, ca. 12 cm Ø
- Zubereitungszeit: ca. 1 Std.
- ca. 780 kcal je Portion
- Zum Backen
- Dazu paßt ein kühles Pils

300 g TK-Blätterteig
1 große Zwiebel
1 EL Schmalz
1 säuerlicher Apfel
300 g Thüringer Blutwurst
1 EL Majoran, 2-3 EL Semmelbrösel
Mehl zum Bearbeiten, 2 Eigelb

1. Den Blätterteig antauen lassen. Dann leicht überlappend nebeneinanderlegen und zwischen Frischhaltefolie dünn ausrollen.

2. Die Zwiebel fein würfeln und im heißen Schmalz weich, aber nicht braun braten. Den Apfel schälen, fein würfeln, zu den Zwiebeln geben und alles einmal kräftig durchbraten. Die Wurst pellen, würfeln, zur Zwiebel-Apfel-Mischung geben und gut vermengen. Das Ganze mit 1 Teelöffel Majoran würzen und so viel Semmelbrösel zur Füllung geben, wie sie aufnimmt.

3. Den Backofen auf 220 °C vorheizen. Wie auf S. 5 beschrieben aus dem Teig etwa 12 Kreise mit ungefähr 12 Ø stechen und mit jeweils 2 Eßlöffeln Füllung füllen.

4. Ein Backblech mit kaltem Wasser abspülen und die Teigtaschen darauf setzen. Die Eigelbe mit etwas Wasser verrühren. Die Teigtaschen damit bestreichen, mit dem restlichen Majoran bestreuen und oben mehrmals einstechen. Die Teigtaschen in 15 bis 20 Minuten goldgelb backen und heiß servieren.
(auf dem Foto: oben)

Brokkolitaschen mit Schinken

- Für etwa 4 Teigtaschen, ca. 16 cm Ø
- Zubereitungszeit: ca. 1 Std. 10 Min.
- Kühlzeit: ca. 1 Std.
- ca. 840 kcal je Portion
- Zum Backen
- Dazu paßt Tomatensauce

1 Rezept Mürbeteig (S. 4)
500 g Brokkoli, Salz
100 g Emmentaler am Stück
100 g gekochter Schinken
frisch geriebene Muskatnuß
Mehl zum Bearbeiten, 2 Eigelb

1. Teig zubereiten und kühl stellen. Brokkoli in kleine Röschen teilen, Stiele kürzen, schälen und in dünne Scheiben schneiden. 1/2 l Salzwasser zum Kochen bringen. Brokkolistiele darin 5 Minuten köcheln lassen, Röschen hinzufügen. Abgedeckt bei mittlerer Hitze 5 Minuten garen, abgießen und abkühlen lassen.

2. Die Brokkolistiele und ungefähr 1/4 der Röschen mit dem Mixstab pürieren. Das Püree mit den restlichen Röschen vorsichtig vermengen. Etwa 20 g Käse reiben. Den Rest fein würfeln, ebenso den Schinken. Alles zur Brokkolimasse geben und mit Muskatnuß würzen. Den Backofen auf 190 °C vorheizen. Den Teig zwischen Frischhaltefolie dünn ausrollen. Wie auf S. 5 beschrieben etwa 4 Kreise mit ungefähr 16 cm Ø ausstechen und mit jeweils 1/4 der Brokkolimasse füllen.

3. Die Teigtaschen auf ein mit Backpapier ausgelegtes Backblech setzen. Die Eigelbe mit etwas Wasser verrühren. Die Teigtaschen mit einem Teil davon dünn bestreichen und 15 bis 20 Minuten backen. 5 Minuten vor Backende die Teigtaschen mit dem restlichen Eigelb bestreichen und mit geriebenem Käse bestreuen.
(auf dem Foto: unten)

ZEITINTENSIV · MILD

Räucherfischtaschen

- Für etwa 12 Teigtaschen, ca. 10 cm Ø
- Zubereitungszeit: ca. 1 Std.
- Kühlzeit: 1 Std.
- ca. 870 kcal je Portion
- Zum Backen
- Dazu paßt Bier

1 Rezept Mürbeteig (S. 4)
1 Bund Frühlingszwiebeln
1 Bückling, 100 g Schillerlocken
1 hartgekochtes Ei
Salz, Cayennepfeffer
Mehl zum Bearbeiten, 1 Eiweiß
5 große Zwiebelringe, 4 frische Eigelb

1. Den Mürbeteig zubereiten und kühl stellen. Von den Frühlingszwiebeln den weißen Teil sehr fein hacken. Das Grün in schmale Ringe schneiden und beiseite legen.

2. Den Bückling häuten und das Fischfleisch durch ein feines Sieb streichen. Die Schillerlocke nicht zu fein würfeln und mit dem Fischpüree mischen. Das hartgekochte Ei pellen, würfeln und mit etwas Salz und Cayennepfeffer zum Püree geben und mischen.

3. Den Backofen auf 190 °C vorheizen. Den Teig zwischen Frischhaltefolie dünn ausrollen. Wie auf S. 5 beschrieben etwa 12 Kreise mit ungefähr 10 cm Ø ausstechen und mit jeweils 1 Eßlöffel Fischmasse füllen.

4. Die Teigtaschen auf ein mit Backpapier ausgelegtes Backblech setzen. Das Eiweiß leicht anschlagen, die Teigtaschen damit bestreichen und 15 bis 20 Minuten backen.

5. Auf jeden Teller einen großen Zwiebelring legen und dort hinein jeweils 1 Eigelb gleiten lassen. Die warmen Teigtaschen dazugeben und mit dem zurückgelegten Zwiebelgrün garnieren.
(auf dem Foto oben)

Muscheltaschen

- Für etwa 12 Teigtaschen, ca. 10 cm Ø
- Zubereitungszeit: ca. 1 Std.
- Kühlzeit: 1 Std.
- ca. 720 kcal je Portion
- Zum Backen
- Dazu paßt Weißwein

1 Rezept Mürbeteig (S. 4)
1 TL gehackter Dill
12 große Miesmuscheln
2 Knoblauchzehen, 2 Lorbeerblätter
2 EL Butter, 1 Bund Suppengrün
Salz, Pfeffer aus der Mühle
Mehl zum Bearbeiten, 2 Eigelb
5 Kirschtomaten

1. Den Teig zubereiten, Dill untermischen, und kühl stellen. Muscheln aus den Schalen brechen. Knoblauch fein hacken und mit Lorbeerblättern in der heißen Butter 2 Minuten dünsten. Vom Grün des Lauchs 12 dünne Scheiben abschneiden, beiseite legen. Das Weiße quer halbieren und, wie Karotte und Sellerie, in dünne Streifen schneiden. Zum Knoblauch geben, etwas Wasser hinzufügen, etwa 5 Minuten schmoren, mit Salz und Pfeffer würzen.

2. Den Backofen auf 190 °C vorheizen. Den Teig dünn ausrollen. Wie auf S. 5 beschrieben 12 Kreise ausstechen. Jeweils mit etwas Gemüse und 1 Muschel füllen. Auf ein Backblech setzen. Eigelbe mit wenig Wasser verrühren, Teigtaschen mit etwas davon bestreichen und 15 bis 20 Minuten backen.

3. Die Tomaten in dünne Scheiben schneiden, 12 Scheiben beiseite legen, die anderen mit dem restlichen Gemüse mischen. 5 Minuten vor Backende die Teigtaschen mit restlichem Eigelb bestreichen. Je 1 Tomatenscheibe und 1 Lauchscheibe darauf setzen. Übriges Gemüse mit den Teigtaschen anrichten.
(auf dem Foto unten)

ZEITINTENSIV · **WÜRZIG**

ZEITINTENSIV · **RAFFINIERT**

Lachstaschen

- Für etwa 16 Teigtaschen, ca. 12 cm Ø
- Zubereitungszeit: ca. 1 Std.
- Ruhezeit: 1 Std.
- ca. 640 kcal je Portion
- Zum Kochen
- Dazu paßt Gurkensalat

1/2 Rezept Nudelteig (S. 6)
400 g Lachsfilet, 1 Eiweiß
1 Msp. Curry
Salz, 1 Msp. Cayennepfeffer
125 g kalte süße Sahne
1 EL gehackter Dill
Mehl zum Bearbeiten
80 g Butter

1. Den Nudelteig zubereiten und ruhen lassen. Etwa 100 g vom Lachsfilet würfeln. Das übrige Lachsfilet und die Würfel 1/2 Stunde kühl stellen.

2. Das Lachsfiletstück grob würfeln und zusammen mit dem Eiweiß mit dem Mixstab pürieren. Das Püree mit Curry, etwas Salz und Cayennepfeffer würzen. Die kalte Sahne langsam unterrühren und den Dill dazugeben. Die kalten Fischwürfel unter das Püree mischen.

3. Den Teig mit einer Nudelmaschine oder auf einem leicht bemehlten Tuch 1 bis 2 mm dünn ausrollen. Wie auf S. 5 beschrieben etwa 16 Kreise mit ungefähr 12 cm Ø ausstechen und mit jeweils 2 Eßlöffeln Fischmasse füllen.

4. Salzwasser in einem großen Topf zum Kochen bringen. Die Teigtaschen darin etwa 10 Minuten garziehen lassen. Die Butter leicht bräunen und über die abgetropften Teigtaschen gießen.

Krabbentaschen

- Für etwa 16 Teigtaschen, ca. 10 cm Ø
- Zubereitungszeit: ca. $^{1}/_{2}$ Std.
- ca. 440 kcal je Portion
- Zum Backen
- Dazu paßt saure Sahne mit Dill

300 g TK-Blätterteig
250 g Nordseekrabbenfleisch
100 g Radieschen
5 EL Schnittlauchröllchen
2 EL gehackter Dill
Mehl zum Bearbeiten
2 Eigelb

1. Den Blätterteig antauen lassen, leicht überlappend nebeneinanderlegen und zwischen Frischhaltefolie dünn ausrollen.

2. Das Krabbenfleisch in eine Schüssel geben; tiefgekühlte Ware auftauen lassen, Dosenware abgießen und abtropfen lassen. Die Radieschen grob zum Krabbenfleisch raffeln. Die Füllung mit 2 Eßlöffeln Schnittlauch und dem Dill würzen.

3. Den Backofen auf 220 °C vorheizen. Wie auf S. 5 beschrieben etwa 16 Teigtaschen mit ungefähr 10 cm Ø aus dem Teig stechen und mit jeweils 1 Eßlöffel von der Krabbenmischung füllen.

4. Die Eigelbe mit etwas Wasser verrühren. Die Teigtaschen damit bestreichen und oben mit einer Gabel mehrmals einstechen. Die Teigtaschen auf ein mit kaltem Wasser abgespültes Backblech setzen und 15 bis 20 Minuten backen.

5. Die heißen Teigtaschen mit dem restlichen Eigelb bestreichen, mit dem übrigen Schnittlauch bestreuen und warm oder kalt servieren.

Scampitaschen mit Knoblauch

- Für etwa 12 Teigtaschen, ca. 10 cm Ø
- Zubereitungszeit: ca. 1 Std. 10 Min.
- Kühlzeit: 1 Std.
- ca. 870 kcal je Portion
- Zum Backen
- Dazu paßt Gurkensalat

1 Rezept Mürbeteig (S. 4)
50 g süße Sahne, 4 Knoblauchzehen
80 g geriebener Gouda
30 g Parmaschinken
Pfeffer aus der Mühle
300 g gekochte Scampi
3 EL gehackte Petersilie
Mehl zum Bearbeiten
2 Eigelb, 2 EL gehackte Pistazien

1. Den Mürbeteig zubereiten und kühl stellen. Die süße Sahne zum Kochen bringen. Den Knoblauch schälen und durch die Knoblauchpresse zur Sahne drücken. Den geriebenen Käse einstreuen und bei milder Hitze so lange rühren, bis er geschmolzen ist.

2. Die Käsesahne abkühlen lassen. Den Schinken fein würfeln und mit etwas Pfeffer unter die Sauce mischen. Die Scampi am Rücken einschneiden, vom Darm befreien, längs halbieren und mit der Petersilie zur Sauce geben.

3. Den Backofen auf 190° C vorheizen. Den Teig zwischen Frischhaltefolie dünn ausrollen. Wie auf S. 5 beschrieben etwa 12 Kreise mit ungefähr 10 cm Ø ausstechen und mit jeweils 1 Eßlöffel Scampimischung füllen.

4. Die Teigtaschen auf ein mit Backpapier ausgelegtes Backblech setzen. Eigelbe mit etwas Wasser verrühren. Die Teigtaschen damit bestreichen, mit den Pistazien bestreuen, 15 bis 20 Minuten backen und warm servieren.

Paprikataschen mit Salami

- Für etwa 12 Teigtaschen, ca. 12 cm Ø
- Zubereitungszeit: ca. 1 1/4 Std.
- ca. 500 kcal je Portion
- Zum Backen
- Dazu paßt Tomatensaft

300 g TK-Blätterteig
1 rote und 1 grüne Paprikaschote
1 rote Zwiebel, 1 Knoblauchzehe
2 EL Olivenöl, 2 EL Tomatenmark
1 TL Sambal oelek (Pfefferpaste)
50 g Ziegengouda
80 g Salami am Stück
1 TL getrockneter Oregano
Mehl zum Bearbeiten, 1 Eigelb
1 TL süße Sahne, Chilipulver

1. Den Blätterteig 10 Minuten antauen lassen, dann leicht überlappend nebeneinanderlegen und zwischen Frischhaltefolie dünn ausrollen. Wie auf S. 5 beschrieben etwa 12 Kreise mit ungefähr 12 cm Ø ausstechen.

2. Die Paprikaschoten klein würfeln. Die Zwiebel und den Knoblauch fein hacken. Alles im heißen Öl unter Rühren 10 Minuten dünsten. Tomatenmark und Sambal oelek dazugeben und weitere 3 Minuten garen.

3. Den Backofen auf 220 °C vorheizen. Den Käse und die Salami fein würfeln. Mit dem Oregano zum Gemüse geben, einmal aufkochen, dann abkühlen lassen. Die Teigkreise mit jeweils 2 Eßlöffeln Paprika-Salami-Masse füllen.

4. Die Teigtaschen auf ein mit kaltem Wasser abgespültes Backblech setzen und mit einer Gabel mehrmals oben einstechen. Eigelb mit Sahne verrühren, die Teigtaschen damit bestreichen, mit etwas Chilipulver bestäuben, 15 bis 20 Minuten backen und heiß servieren.

Wursttaschen

- Für etwa 12 Teigtaschen, ca. 12 cm Ø
- Zubereitungszeit: ca. 1/2 Std.
- ca. 660 kcal je Portion
- Zum Backen
- Dazu paßt gemischter Salat

300 g TK-Blätterteig
1/2 rote Paprikaschote
1/2 gelbe Paprikaschote
1 Bund Frühlingszwiebeln
2 EL Olivenöl
300 g Fleischwurst
3 EL gemischte gehackte Kräuter
Mehl zum Bearbeiten
2 Eigelb
1 EL Kümmel

1. Den Blätterteig antauen lassen, dann leicht überlappend nebeneinanderlegen und zwischen Frischhaltefolie dünn ausrollen.

2. Die Paprikaschoten und die Frühlingszwiebeln putzen, fein würfeln und im heißen Öl 5 Minuten unter Wenden dünsten. Die Fleischwurst pellen. Zuerst in dünne Scheiben, dann in sehr schmale Streifen schneiden. Mit dem geschmorten Gemüse mischen und mit den Kräutern würzen.

3. Den Backofen auf 220 °C vorheizen. Wie auf S. 5 beschrieben aus dem Teig etwa 12 Kreise mit ungefähr 12 cm Ø stechen und jeweils mit 2 Eßlöffeln Füllung füllen.

4. Die Eigelbe mit etwas Wasser verrühren und die Teigtaschen damit bestreichen. Mit einer Gabel oben mehrmals einstechen und mit Kümmel bestreuen. Ein Backblech mit kaltem Wasser abspülen und die Teigtaschen darauf setzen. In 15 bis 20 Minuten goldgelb backen und warm servieren.

Sauerkrauttaschen mit Leberwurst

- Für etwa 16 Teigtaschen, ca. 10 cm Ø
- Zubereitungszeit: ca. 1 Std.
- ca. 520 kcal je Portion
- Zum Backen
- Dazu paßt Bier

300 g TK-Blätterteig
2 Zwiebeln
1 EL Butter
1 kleiner Apfel
250 g Sauerkraut
1 Leberwurst zum Kochen
1 1/2 TL getrockneter Majoran
Salz
Pfeffer aus der Mühle
1 Prise Zucker
Mehl zum Bearbeiten
2 Eigelb

1. Den Blätterteig 10 Minuten antauen lassen, leicht überlappend nebeneinanderlegen und zwischen Frischhaltefolie ausrollen. Wie auf S. 5 beschrieben etwa 16 Kreise mit ungefähr 10 cm Ø ausstechen.

2. Die Zwiebeln fein würfeln und in der heißen Butter 2 Minuten dünsten. Den geschälten Apfel ebenfalls fein würfeln und mit den Zwiebeln weitere 2 Minuten dünsten. Das Sauerkraut dazugeben und untermischen. Die Wurst aus dem Darm drücken, mit dem Kraut gut vermengen, mit Majoran, etwas Salz, Pfeffer und Zucker würzen. Alles abkühlen lassen. Die Teigkreise mit jeweils 1 Eßlöffel davon füllen.

3. Den Backofen auf 220 °C vorheizen. Die Teigtaschen auf ein mit kaltem Wasser abgespültes Backblech setzen. Die Eigelbe mit etwas Wasser verrühren. Die Teigtaschen damit bestreichen, oben mit einer Gabel mehrmals einstechen, 15 bis 20 Minuten backen und heiß servieren.

VEGETARISCHE TEIGTASCHEN

Wer auf Fleisch und Wurst verzichten muß oder möchte, findet in dem folgenden Kapitel eine Reihe köstlicher vegetarischer Teigtaschen, die zum Reinbeißen verlocken.

Blumenkohltaschen mit Käse

- Für etwa 12 Teigtaschen, ca. 12 cm Ø
- Zubereitungszeit: ca. 1 Std.
- Ruhezeit: 1 Std.
- ca. 1170 kcal je Portion
- Zum Backen
- Dazu paßt Tomatensalat

1 Rezept Quark-Öl-Teig (S. 7)
100 g Weizen-Vollkornmehl
1 Blumenkohl
$^{1}/_{4}$ l Milch
Salz
4 Eigelb
frisch geriebene Muskatnuß
100 g Butterkäse
3 EL gehackte Pistazien
Mehl zum Bearbeiten
8 EL Sesam
50 g Butter

1. Quark-Öl-Teig zubereiten, jedoch 100 g helles Mehl durch Vollkornmehl ersetzen, und ruhen lassen. Den Blumenkohl in kleine Röschen teilen und in 1/4 l Wasser mit der Milch und etwas Salz im offenen Topf 10 Minuten kochen lassen, dann abgießen.

2. Den Blumenkohl gut abtropfen lassen und 4 schöne Röschen beiseite legen. Vom restlichen Blumenkohl etwa 1/4 mit dem Mixstab pürieren. Das Püree mit 2 Eigelben mischen, mit Salz und Muskatnuß würzen. Den Käse grob reiben oder fein würfeln und mit den Blumenkohlröschen und den Pistazien unter das Püree heben.

3. Den Backofen auf 190 °C vorheizen. Den Teig zwischen Frischhaltefolie dünn ausrollen. Wie auf S. 5 beschrieben etwa 12 Kreise mit ungefähr 12 cm Ø ausstechen und jeweils mit 2 Eßlöffeln Püree füllen.

4. Die Teigtaschen auf ein mit Backpapier ausgelegtes Backblech setzen und 10 Minuten ruhen lassen. Die restlichen Eigelbe mit etwas Wasser verrühren. Die Teigtaschen damit bestreichen, mit etwa 3 Eßlöffeln Sesam bestreuen und 15 bis 20 Minuten backen.

5. Die Butter leicht bräunen, mit dem restlichen Sesam mischen, über die 4 Blumenkohlröschen geben und zusammen mit den heißen Teigtaschen anrichten.

ZEITINTENSIV · **FEIN**

Zucchini-Karotten-Taschen

- Für etwa 12 Teigtaschen, ca. 12 cm Ø
- Zubereitungszeit: ca. 1 Std.
- ca. 510 kcal je Portion
- Zum Backen
- Dazu paßt Kräutermayonnaise

300 g TK-Vollkornblätterteig
200 g Zucchini, 250 g Karotten
2 Knoblauchzehen, 2 EL Olivenöl
Salz, 1 Prise Zucker
1 Bund Kerbel, 1 EL Crème fraîche
1 EL Meerrettich
frisch geriebene Muskatnuß
Mehl zum Bearbeiten, 2 Eigelb
3 EL gehobelte Haselnüsse

1. Den Blätterteig antauen lassen, dann leicht überlappend nebeneinanderlegen und zwischen Frischhaltefolie dünn ausrollen. Wie auf S. 5 beschrieben etwa 12 Teigkreise mit ungefähr 12 cm Ø ausstechen.

2. Die Karotten schälen und mit den Zucchini in sehr dünne Streifen schneiden. Den Knoblauch schälen und fein hacken. Im heißen Öl kurz anschwitzen, die Gemüsestreifen hinzufügen und unter Wenden 5 Minuten dünsten.

3. Den Backofen auf 220 °C vorheizen. Das Gemüse in einer Schüssel abkühlen lassen. Mit etwas Salz, Zucker, dem gehackten Kerbel, der Crème fraîche, dem Meerrettich und etwas Muskatnuß mischen. Die Teigkreise jeweils mit 2 Eßlöffeln von der Zucchini-Möhren-Mischung füllen und oben mit einer Gabel mehrmals einstechen.

4. Ein Backblech mit kaltem Wasser abspülen. Die Teigtaschen darauf setzen. Die Eigelbe mit etwas Wasser verrühren. Die Teigtaschen damit bestreichen, mit den gehobelten Nüssen bestreuen, 15 bis 20 Minuten goldgelb backen, heiß servieren.

Pfifferlingstaschen

- Für etwa 12 Teigtaschen, ca. 10 cm Ø
- Zubereitungszeit: ca. 1 Std.
- Kühlzeit: ca. 1 Std.
- ca. 930 kcal je Portion
- Zum Backen
- Dazu paßt Feldsalat

1 Rezept Mürbeteig (S. 4)
200 g Grünkernmehl
100 g Schalotten, 2 EL Butter
400 g Pfifferlinge
1 Bund gemischte Kräuter
1 EL Crème fraîche
3 EL TK-Suppengrün, 4 Eigelb
Salz, Pfeffer aus der Mühle
Mehl zum Bearbeiten
12 Salbeiblätter

1. Den Mürbeteig zubereiten, jedoch statt 200 g Mehl 200 g Grünkernmehl verwenden, und kühl stellen. Die Schalotten fein würfeln und in der heißen Butter in einer großen Pfanne glasig dünsten. Die Pilze hinzufügen. Diese unter Rühren 5 Minuten mitbraten. Alles abkühlen lassen.

2. Die Kräuter grob hacken. Mit den abgetropften Pfifferlingen, der Crème fraîche, dem angetauten Suppengrün und 2 Eigelben mischen sowie mit Salz und Pfeffer würzen.

3. Den Backofen auf 190 °C vorheizen. Den Teig zwischen Frischhaltefolie dünn ausrollen. Wie auf S. 5 beschrieben etwa 12 Kreise mit ungefähr 10 cm Ø ausstechen und jeweils mit 1 Eßlöffel Pilzmasse füllen.

4. Die restlichen Eigelbe mit etwas Wasser verrühren. Die Teigtaschen damit bestreichen, jeweils ein Salbeiblatt darauf legen und auf ein mit Backpapier ausgelegtes Backblech setzen. Die Pilztaschen in 15 bis 20 Minuten goldgelb backen und heiß servieren.

Spinattaschen mit schwarzen Oliven

- Für etwa 14 Teigtaschen, ca. 12 cm Ø
- Zubereitungszeit: ca. 1 Std. 10 Min.
- Ruhezeit: ca. 1 Std.
- ca. 840 kcal je Portion
- Zum Backen
- Dazu paßt scharfe Tomatensauce

1 Rezept Hefeteig (S. 6)
1 TL Kräuter der Provence
1 kg Spinat, 1 EL Olivenöl
Salz, frisch geriebene Muskatnuß
1 TL Zucker, 1 EL Zitronensaft
etwas abgeriebene Zitronenschale
2 EL Crème fraîche
14 schwarze Oliven, 8 Walnußkerne
3 EL geriebener Parmesan
Mehl zum Bearbeiten
2 Eigelb, 2 EL gehackte Pistazien

1. Den Hefeteig zubereiten, dabei die Kräuter untermischen, und ruhen lassen.

2. Den gut abgetropften Spinat im heißen Öl in einem Topf erhitzen, bei starker Hitze zusammenfallen lassen. In ein Sieb geben, gut ausdrücken und mit Salz, Muskatnuß, Zucker, Zitronensaft, etwas Zitronenschale und der Crème fraîche mischen. Die Oliven entkernen und vierteln. Die Walnüsse grob hacken. Beides mit dem Parmesan unter den Spinat rühren.

3. Den Backofen auf 190 °C vorheizen. Den Teig zwischen Frischhaltefolie dünn ausrollen. Wie auf S. 5 beschrieben etwa 14 Kreise mit ungefähr 12 cm Ø ausstechen und mit jeweils 2 Eßlöffeln Spinatmasse füllen.

4. Die Teigtaschen auf ein mit Backpapier ausgelegtes Backblech setzen. Die Eigelbe mit etwas Wasser verrühren. Die Teigtaschen damit bestreichen, mit den Pistazien bestreuen, 15 bis 20 Minuten backen und heiß servieren.

Schweizer Käsetaschen

- Für etwa 16 Teigtaschen, ca. 8 cm Ø
- Zubereitungszeit: ca. 1 Std. 10 Min.
- Kühlzeit: ca. 1 Std.
- ca. 1120 kcal je Portion
- Zum Backen
- Dazu paßt Weißwein

1 Rezept Mürbeteig (S. 4)
150 g geriebener Emmentaler
50 g gemahlene Mandeln
200 g geriebener Appenzeller
1 Schalotte, 1 Knoblauchzehe
3 EL Crème double
Pfeffer aus der Mühle
Mehl zum Bearbeiten
2 Eigelb, 3 EL Kümmel

1. Den Mürbeteig zubereiten, dabei 100 g Mehl durch 50 g Emmentaler und die gemahlenen Mandeln ersetzen, und kühl stellen.

2. Den restlichen Emmentaler und den Appenzeller in einer Schüssel mischen. Die Schalotte und den Knoblauch schälen, sehr fein hacken und mit der Crème double mischen. Alles mit etwas Pfeffer würzen, zum Käse geben und gut mischen.

3. Den Backofen auf 190 °C vorheizen. Den Teig zwischen Frischhaltefolie dünn ausrollen. Wie auf S. 5 beschrieben etwa 16 Kreise mit ungefähr 8 cm Ø ausstechen und jeweils mit 1 Teelöffel Käsemasse füllen.

4. Die Teigtaschen auf ein mit Backpapier ausgelegtes Backblech setzen und oben mit einer Gabel einmal einstechen. Die Eigelbe mit etwas Wasser verrühren. Die Teigtaschen damit bestreichen, mit dem Kümmel bestreuen, in 15 bis 20 Minuten goldgelb backen und warm servieren.

Kohlrabi-Käse-Taschen

- Für etwa 16 Teigtaschen, ca. 10 cm Ø
- Zubereitungszeit: ca. 1 Std.
- ca. 520 kcal je Portion
- Zum Backen
- Dazu paßt Currycsauce

300 g TK-Vollkorn-Blätterteig
2 große Kohlrabi mit Grün
1 EL körnige Gemüsebrühe
80 g Räucherkäse in Scheiben
3 EL Crème fraîche, 3 Eigelb
5 EL geriebener Käse
frisch geriebene Muskatnuß
Mehl zum Bearbeiten
1 Döschen Safranfäden

1. Den Blätterteig 10 Minuten antauen lassen, dann leicht überlappend nebeneinanderlegen und zwischen Frischhaltefolie dünn ausrollen. Wie auf S. 5 beschrieben etwa 16 Kreise mit ungefähr 10 cm Ø ausstechen.

2. Den Kohlrabi schälen und halbieren. Einige zarte grüne Blätter streifig schneiden. Das Gemüse in $^1/_2$ l Wasser mit der Brühe bei mittlerer Hitze 15 Minuten garen, dann abgießen, grob raffeln und mit den Blätterstreifen mischen. Den Räucherkäse sehr klein würfeln und dazugeben. Die Crème fraîche mit 1 Eigelb und 3 Eßlöffeln geriebenem Käse mischen, mit Muskatnuß würzen, zum Gemüse geben und alles mischen.

3. Den Backofen auf 220 °C vorheizen. Die Teigkreise jeweils mit 1 Eßlöffel Kohlrabimasse füllen. Die Teigtaschen auf ein mit kaltem Wasser abgespültes Backblech setzen. Übrige Eigelbe mit etwas Wasser verrühren, die Teigtaschen damit bestreichen und oben mit einer Gabel mehrmals einstechen. Die Teigtaschen ca. 15 Minuten backen, 5 Minuten vor Backende nochmals mit Eigelb bestreichen, mit dem restlichem Käse und Safranfäden bestreuen.

Weißkohltaschen mit Steinpilzen

- Für etwa 14 Teigtaschen, ca. 12 cm Ø
- Zubereitungszeit: ca. 1 3/4 Std.
- Ruhezeit: ca. 1 Std.
- ca. 750 kcal je Portion
- Zum Backen
- Dazu paßt saure Sahne

1 Rezept Hefeteig (S. 6)
15 g getrocknete Steinpilze
500 g Weißkohl
1 TL körnige Gemüsebrühe
2 Schalotten, 1 Knoblauchzehe
50 g rote Bete (aus dem Glas), 3 Eigelb
Salz, Cayennepfeffer
frisch geriebene Muskatnuß
Mehl zum Bearbeiten, 2 EL Kümmel

1. Den Teig zubereiten und gehen lassen. Die Pilze 30 Minuten in warmem Wasser einweichen. Den Kohl sehr fein hobeln. In 1/2 Liter Wasser mit der Brühe 20 Minuten garen, abgießen und gut abtropfen lassen. Schalotten und Knoblauch fein hacken und mit dem Kohl mischen.

2. Die eingeweichten Pilze abgießen, trockentupfen, fein schneiden und mit dem Kohl vermengen. Rote Bete würfeln und mit 1 Eigelb unter die Kohlmischung rühren. Mit etwas Salz, Cayennepfeffer und Muskatnuß würzen.

3. Den Backofen auf 190 °C vorheizen. Den Teig zwischen Frischhaltefolie dünn ausrollen. Wie auf S. 5 beschrieben etwa 14 Kreise mit ungefähr 12 cm Ø ausstechen und jeweils mit 2 Eßlöffeln Kohlmasse füllen.

4. Die Teigtaschen auf ein mit Backpaier ausgelegtes Backblech legen. Restliche Eigelbe mit etwas Wasser verrühren. Die Teigtaschen damit bestreichen, mit dem Kümmel bestreuen und 15 bis 20 Minuten backen.

Lauchtaschen

- Für etwa 16 Teigtaschen, ca. 10 cm Ø
- Zubereitungszeit: ca. 1 Std.
- ca. 640 kcal je Portion
- Zum Backen
- Dazu paßt ungesüßter Sahnejoghurt

300 g TK-Vollkorn-Blätterteig
500 g Lauch, 2 EL Butter
1 TL körnige Gemüsebrühe
80 g Kürbiskerne
50 g geriebener Butterkäse
3 Eigelb, Salz, Pfeffer aus der Mühle
Mehl zum Bearbeiten

1. Den Blätterteig 10 Minuten antauen lassen, dann leicht überlappend nebeneinanderlegen und zwischen Frischhaltefolie ausrollen. Wie auf S. 5 beschrieben etwa 16 Kreise mit ungefähr 10 cm Ø ausstechen.

2. Vom Lauch nur den weißen und hellgrünen Teil in sehr feine Ringe schneiden, in der heißen Butter anbraten, 1/4 Liter Wasser und die körnige Brühe hinzufügen und 5 Minuten köcheln lassen. Den Lauch gut abtropfen lassen und trockentupfen.

3. 60 g Kürbiskerne in einer fettfreien Pfanne rösten, bis sie duften, mit dem Lauch, dem Käse und 1 Eigelb mischen. Das Ganze mit etwas Salz und Pfeffer würzen. Die Teigkreise mit jeweils 1 Eßlöffel davon füllen. Den Backofen auf 220 °C vorheizen.

4. Die Teigtaschen auf ein mit kaltem Wasser abgespültes Backblech setzen und oben mit einer Gabel mehrmals einstechen. Die restlichen Eigelbe mit etwas Wasser verrühren und die Teigtaschen damit bestreichen. Die übrigen Kürbiskerne darüber streuen. Die Lauchtaschen 15 bis 20 Minuten backen und sofort heiß servieren.

Fencheltaschen mit Curry

- Für etwa 8 Teigtaschen, ca. 12 cm Ø
- Zubereitungszeit: ca. 1 Std.
- Kühlzeit: 1 Std.
- ca. 800 kcal je Portion
- Zum Backen
- Dazu paßt Sekt mit Orangensaft

1 Rezept Mürbeteig (S. 4)
4 EL Fenchelsamen
2 große Fenchelknollen
Salz, 1 EL Curry, 1 Msp. Kreuzkümmel
2 EL Crème double
1 Dose geschälte Mandarinen
Mehl zum Bearbeiten, 2 Eigelb

1. Den Mürbeteig zubereiten, dabei 1 Eßlöffel grob zerstoßenen Fenchelsamen untermischen, und kühl stellen.

2. Den Fenchel in sehr dünne Scheiben schneiden. Das zarte Fenchelgrün waschen und beiseite legen. Die Fenchelscheiben in wenig Salzwasser 5 Minuten köcheln. Das Gemüse abkühlen und gut abtropfen lassen und mit dem Fenchelgrün, Curry und Kreuzkümmel sowie der Crème double mischen. Das Ganze mit Salz abschmecken. Die Mandarinen in ein Sieb schütten, gut abtropfen lassen und unter die Füllung ziehen.

3. Den Backofen auf 190 °C vorheizen. Den Teig zwischen Frischhaltefolie dünn ausrollen. Wie auf S. 5 beschrieben etwa 8 Kreise mit ungefähr 12 cm Ø ausstechen und jeweils mit 2 Eßlöffeln Fenchelmischung füllen.

4. Die Teigtaschen auf ein mit Backpapier ausgelegtes Backblech setzen. Die Eigelbe mit etwas Wasser verrühren. Die Teigtaschen damit bestreichen, mit dem restlichen Fenchelsamen bestreuen, in 15 bis 20 Minuten goldgelb backen und heiß servieren.
(auf dem Foto: oben)

Sauerkrauttaschen

- Für etwa 4 Teigtaschen, ca. 16 cm Ø
- Zubereitungszeit: ca. 1 $^{3}/_{4}$ Std.
- Ruhezeit: ca. $^{1}/_{2}$ Std.
- ca. 540 kcal je Portion
- Zum Dämpfen
- Dazu paßt Kümmelschmand

1 Rezept Kartoffelteig (S. 7)
1 Zwiebel, 2 EL Butter
350 g Sauerkraut
2 EL Crème double
Salz, $^{1}/_{2}$ TL Rosenpaprikapulver
10 Maronen aus der Dose
100 g blaue Weintrauben
100 g grüne Weintrauben
Mehl zum Bearbeiten
1 Eigelb, 12 Pekannußkerne
Cayennepfeffer

1. Den Kartoffelteig zubereiten und ruhen lassen. Die Zwiebel fein schneiden und in der heißen Butter in einem Topf glasig dünsten. Das Sauerkraut und die Crème double hinzufügen und bei mittlerer Hitze im geschlossenen Topf 10 Minuten köcheln lassen.

2. Kraut in ein Sieb geben, gut ausdrücken und mit etwas Salz sowie Paprika würzen. Maronen vierteln, Weintrauben halbieren und die Kerne herauslösen. Maronen und Trauben mit dem Kraut mischen. Teig zwischen leicht bemehlter Frischhaltefolie dünn ausrollen. Wie auf S. 5 beschrieben etwa 4 Kreise mit ungefähr 16 cm Ø ausstechen und jeweils mit $^{1}/_{4}$ der Krautmischung füllen.

3. Salzwasser zum Kochen bringen. Taschen in einen Dämpfkorb legen und im geschlossenen Topf nacheinander 10 bis 15 Minuten gar dämpfen. Eigelb verrühren und die Teigtaschen damit bestreichen, mit 3 Nußkernen garnieren und mit Cayennepfeffer bestäuben.
(auf dem Foto: unten)

ZEITINTENSIV · SÜSS-SAUER

Kräutertaschen

- Für etwa 24 Teigtaschen, ca. 10 cm Ø
- Zubereitungszeit: ca. 1 Std.
- Ruhezeit: ca. 1 Std.
- ca. 310 kcal je Portion
- Zum Dämpfen
- Dazu paßt Käsesauce

$^1/_2$ Rezept Nudelteig (S. 6)
250 g gemischte, gehackte Kräuter
200 g Ricotta oder Magerquark
1 kleine Salzgurke
1 Chilischote
Salz, frisch geriebene Muskatnuß
1 Eigelb
Mehl zum Bearbeiten

1. Den Nudelteig zubereiten, dabei 3 Eßlöffel gehackte Kräuter untermischen. Die restlichen Kräuter mit dem Ricotta (oder dem gut abgetropften Magerquark) verrühren.

2. Die Salzgurke in winzige Würfel schneiden. Die Chilischote ebenfalls fein würfeln, eventuell die Kerne vorher entfernen. Gurken- und Chiliwürfel zur Kräuterfüllung geben und mischen. Mit Salz und Muskatnuß abschmecken. Zum Schluß das Eigelb unterrühren.

3. Den Teig mit einer Nudelmaschine oder auf einem bemehlten Tuch etwa 1 bis 2 mm dünn ausrollen. Wie auf S. 5 beschrieben etwa 25 Kreise mit ungefähr 10 cm Ø ausstechen und mit jeweils 1 Eßlöffel Kräutermasse füllen.

4. Reichlich Salzwasser in einem großen Topf zum Kochen bringen. Die Teigtaschen nacheinander in einen Dämpfkorb oder in ein Dämpfsieb legen, im geschlossenen Topf etwa $^1/_4$ Stunde gardämpfen und sofort heiß servieren.

Schafskäsetaschen

- Für etwa 16 Teigtaschen, ca. 10 cm Ø
- Zubereitungszeit: ca. 1 Std. 10 Min.
- ca. 560 kcal je Portion
- Zum Backen
- Dazu paßt Paprikasalat

300 g TK-Blätterteig, 200 g Feta
je $^1/_2$ rote, grüne und gelbe Paprikaschote
10 schwarze Oliven, 1 Chilischote
2 EL Crème fraîche
1 EL frische Thymianblättchen
1 hartgekochtes Ei, Salz
Mehl zum Bearbeiten
2 Eigelb, 1 EL Rosmarinnadeln

1. Den Blätterteig antauen lassen, leicht überlappend nebeneinanderlegen und zwischen Frischhaltefolie dünn ausrollen. Wie auf S. 5 beschrieben etwa 16 Teigkreise mit ungefähr 10 cm Ø ausstechen. Den Feta mit einer Gabel zerdrücken. Jeweils $^1/_4$ Paprikaschoten in 8 Streifen schneiden und beiseite legen. Den Rest sehr fein würfeln und zum Käse geben.

2. Oliven entkernen und grob hacken. Chilischote sehr fein schneiden, eventuell die Kerne vorher entfernen. Crème fraîche, Thymian, das kleingehackte Ei hinzufügen. Alles mischen und mit etwas Salz abschmecken. Backofen auf 220 °C vorheizen. Teigkreise jeweils mit 1 Eßlöffel von der Käsemischung füllen. Ein Backblech mit kaltem Wasser abspülen, die Teigtaschen darauf legen und oben mit einer Gabel mehrmals einstechen.

3. Die Eigelbe mit etwas Wasser verrühren, die Teigtaschen damit bestreichen und mit einigen Rosmarinnadeln bestreuen. Die Paprikastreifen kreuzweise andrücken. Die Teigtaschen nochmals mit Eigelb bestreichen und 15 bis 20 Minuten backen.

Camemberttaschen

- Für etwa 14 Teigtaschen, ca. 12 cm Ø
- Zubereitungszeit: ca. 1 Std.
- Ruhezeit: ca. 1 Std.
- ca. 1540 kcal je Portion
- Zum Backen
- Dazu paßt Preiselbeerkonfitüre

1 Rezept Hefeteig (S. 6)
100 g gemahlene Mandeln
ca. 125 g Kefir, 500 g fester Camembert
250 g Zucchini, 2 EL Magerquark
3 Eigelb, Salz, Cayennepfeffer
Mehl zum Bearbeiten
35 geschälte Mandeln, 2 EL Mohnsamen

1. Den Hefeteig zubereiten, dabei 100 g Mehl durch die gemahlenen Mandeln und die Milch durch Kefir ersetzen. Den Teig ruhen lassen.

2. Den Camembert dünn entrinden und grob würfeln. Die Zucchini längs halbieren, in dünne Scheiben schneiden, diese in wenig Wasser 3 Minuten köcheln lassen, dann abgießen, gut abtropfen und abkühlen lassen. Käsewürfel mit den Zucchinischeiben mischen. Den Quark mit 1 Eigelb verrühren. Mit etwas Salz und Cayennepfeffer kräftig abschmecken und mit der Käse-Zucchini-Mischung vermengen.

3. Den Backofen auf 190 °C vorheizen. Den Teig zwischen Frischhaltefolie dünn ausrollen. Wie auf S. 5 beschrieben etwa 14 Kreise mit ungefähr 12 cm Ø ausstechen und mit 2 Eßlöffeln Käse-Zucchini-Masse füllen.

4. Die Mandeln halbieren. Restliche Eigelbe mit etwas Wasser verrühren. Die Teigtaschen damit dünn bestreichen, auf ein mit Backpapier ausgelegtes Backblech setzen. Die Teigtaschen noch einmal mit Eigelb bestreichen und mit Mandelhälften blütenförmig garnieren sowie mit etwas Mohn bestreuen, ca. 15 Minuten backen und lauwarm servieren.
(auf dem Foto: oben)

Mozzarellataschen

- Für etwa 12 Teigtaschen, ca. 12 cm Ø
- Zubereitungszeit: ca. 1 Std. 10 Min.
- ca. 690 kcal je Portion
- Zum Backen
- Dazu paßt Rotwein

300 g TK-Blätterteig, 250 g Mozzarella
100 g getrocknete Tomaten in Öl
je 10 schwarze und grüne Oliven
5 EL Pinienkerne
3 EL gehacktes Basilikum
etwas abgeriebene Zitronenschale
1 Chilischote, Salz
Mehl zum Bearbeiten
2 Eigelb, 2 EL Rosmarinnadeln

1. Den Teig antauen lassen. Leicht überlappend nebeneinanderlegen, zwischen Frischhaltefolie dünn ausrollen. Wie auf S. 5 beschrieben etwa 12 Kreise mit ungefähr 12 cm Ø ausstechen.

2. Den Mozzarella zwischen mehreren Lagen Küchenpapier vorsichtig zusammendrücken, um alle Flüssigkeit zu entfernen, und würfeln. Die Tomaten zwischen mehreren Lagen Küchenpapier entfetten und mit den entkernten Oliven klein würfeln.

3. Den Backofen auf 220 °C vorheizen. Mozzarella, Tomaten, Oliven, 2 Eßlöffel Pinienkerne, Basilikum, Zitronenschale und kleingehackte Chilischote mischen. Alles mit etwas Salz würzen. Die Teigkreise damit füllen.

4. Die Teigtaschen auf ein mit kaltem Wasser abgespültes Backblech setzen. Die Eigelbe mit etwas Wasser verrühren. Die Teigtaschen damit bestreichen, oben mit einer Gabel mehrmals einstechen, mit dem restlichen Eigelb bestreichen und mit einigen Rosmarinnadeln sowie den restlichen Pinienkernen bestreuen. Die Mozarellataschen 15 bis 20 Minuten backen.
(auf dem Foto: unten)

BRAUCHT ZEIT · PIKANT

Sellerie-Apfel-Taschen

- Für etwa 12 Teigtaschen, ca. 10 cm Ø
- Zubereitungszeit: ca. 1 Std.
- Kühlzeit: ca. 1 Std.
- ca. 960 kcal je Portion
- Zum Backen
- Dazu paßt Mayonnaise

1 Rezept Mürbeteig (S. 4)
50 g gemahlene Walnüsse
400 g Sellerieknolle, 1 säuerlicher Apfel
80 g Walnußkerne
2 EL Crème double, 3 Eigelb
Pfeffer aus der Mühle
frisch geriebene Muskatnuß
Mehl zum Bearbeiten

1. Den Mürbeteig zubereiten, dabei jedoch 50 g Mehl durch die gemahlenen Walnüsse ersetzen, und kühl stellen.

2. Die geschälte Sellerieknolle und den Apfel mittelgrob raffeln. Beides mischen. Die Walnüsse grob hacken. 2 Eßlöffel davon beiseite legen, den Rest mit der Crème double und 1 Eigelb unter die Sellerie-Apfel-Raspel mengen. Die Füllung mit Pfeffer und Muskatnuß pikant abschmecken.

3. Den Backofen auf 190 °C vorheizen. Den Teig zwischen Frischhaltefolie dünn ausrollen. Wie auf S. 5 beschrieben etwa 12 Kreise mit ungefähr 10 cm Ø ausstechen und mit jeweils 1 Eßlöffel Sellerie-Apfel-Masse füllen.

4. Die Teigtaschen auf ein mit Backpapier ausgelegtes Backblech legen. 2 Eigelbe mit etwas Wasser verrühren. Die Teigtaschen damit bestreichen, mit den zurückgelegten Walnüssen sowie etwas Muskatnuß bestreuen, dann 15 bis 20 Minuten backen und heiß servieren.

Weinkäsetaschen mit Zwiebeln

- Für etwa 16 Teigtaschen, ca. 10 cm Ø
- Zubereitungszeit: $^1/_2$ Std.
- ca. 560 kcal je Portion
- Zum Backen
- Dazu paßt Bier

300 g TK-Blätterteig
200 g Weinkäse (oder Limburger)
180 g rote Zwiebeln
1 EL Crème fraîche, 3 Eigelb
Pfeffer aus der Mühle
Mehl zum Bearbeiten
1 EL Kümmel

1. Den Blätterteig 10 Minuten antauen lassen, dann leicht überlappend nebeneinanderlegen und zwischen Frischhaltefolie dünn ausrollen. Wie auf S. 5 beschrieben etwa 16 Kreise mit ungefähr 10 cm Ø ausstechen.

2. Den Käse in kleine Würfel schneiden. Die Zwiebeln schälen und in dünne Scheiben schneiden. 32 kleine Zwiebelringe beiseite legen. Den Rest fein würfeln und mit dem Käse mischen.

3. Den Backofen auf 220 °C vorheizen. Die Crème fraîche, 1 Eigelb und etwas Pfeffer zum Käse geben und alle Zutaten mischen. Die Teigkreise mit jeweils 1 Eßlöffel von der Käsemischung füllen.

4. Die Teigtaschen auf ein mit kaltem Wasser abgespültes Backblech legen und oben mit einer Gabel mehrmals einstechen. Die restlichen Eigelbe mit etwas Wasser verrühren. Die Teigtaschen damit bestreichen.

5. Jede Teigtasche mit 2 kleinen Zwiebelringen belegen und mit etwas Kümmel bestreuen, in 15 bis 20 Minuten goldgelb backen und warm servieren.

Linsentaschen mit Ananas

- Für etwa 12 Teigtaschen, ca. 10 cm Ø
- Zubereitungszeit: ca. 1 Std. 20 Min.
- Kühlzeit: ca. 1 Std.
- ca. 810 kcal je Portion
- Zum Backen
- Dazu paßt Pfeffersauce

1 Rezept Mürbeteig (S. 4)
2 TL Curry, 1 Msp. Knoblauchsalz
100 g Linsen, 2 Lorbeerblätter
1 Döschen Safran
1 TL körnige Gemüsebrühe, Salz
4 Scheiben Ananas aus der Dose
1 kleine Chilischote, 2 Frühlingszwiebeln
1 EL Crème double, 3 Eigelb
Mehl zum Bearbeiten, 12 Cashewkerne

1. Teig zubereiten, dabei mit 1 Teelöffel Curry und Knoblauchsalz würzen, und kühl stellen. Linsen 1/2 Stunde in kaltem Wasser quellen lassen. 1/2 Liter Wasser mit Lorbeerblättern, Safran, Brühe und Salz zum Kochen bringen. Linsen darin bei mittlerer Hitze weich kochen, abgießen, Lorbeerblätter entfernen.

2. Ananas trockentupfen, klein schneiden und mit den Linsen mischen. Chilischote fein würfeln. Frühlingszwiebeln sehr fein schneiden. Beides mit dem restlichen Curry zu den Linsen geben und mischen. Crème double mit 1 Eigelb verrühren, unter die Linsen-Ananas-Mischung mengen. Mit Salz abschmecken.

3. Den Backofen auf 190 °C vorheizen. Den Teig zwischen Frischhaltefolie dünn ausrollen. Wie auf S. 5 beschrieben etwa 12 Kreise mit ungefähr 10 cm Ø ausstechen und jeweils mit 1 Eßlöffel von der Linsenmasse füllen. Taschen auf ein mit Backpapier ausgelegtes Backblech setzen. Restliche Eigelbe mit etwas Wasser verrühren, Teigtaschen damit bestreichen. Die Nüsse halbieren. Je 2 Hälften auf die Teigtaschen legen, 15 bis 20 Minuten backen.

Zwiebeltaschen

- Für etwa 12 Teigtaschen, ca. 10 cm Ø
- Zubereitungszeit: ca. 1 Std.
- Kühlzeit: ca. 1 Std.
- ca. 920 kcal je Portion
- Zum Backen
- Dazu paßt Weißbier

1 Rezept Mürbeteig (S. 4)
100 g Sonnenblumenkerne
500 g Zwiebeln, 4 Knoblauchzehen
2 EL Butterschmalz
1 EL Zucker, etwas Weißwein
50 g geriebener Käse
1 Bund gemischte Kräuter
Salz, Pfeffer aus der Mühle
Mehl zum Bearbeiten, 2 Eigelb

1. Den Teig zubereiten, dabei jedoch 50 g Mehl durch 50 g gemahlene Sonnenblumenkerne ersetzen, und kühl stellen. Die Zwiebeln halbieren und in sehr dünne Halbringe schneiden. Den Knoblauch fein hacken. Das Schmalz mit dem Zucker erhitzen und leicht bräunen. Zwiebeln, Knoblauch sowie etwas Wein hinzufügen. Alles etwa 10 Minuten garen, bis die Flüssigkeit verdampft ist. Den Käse einrühren und die Füllung abkühlen lassen.

2. Bis auf 2 Eßlöffel die restlichen Sonnenblumenkerne in einer fettfreien Pfanne rösten und mit den Kräutern unter die Zwiebelmischung mengen. Das Ganze mit Salz und Pfeffer pikant abschmecken. Den Backofen auf 190 °C vorheizen. Den Teig zwischen Frischhaltefolie dünn ausrollen. Wie auf S. 5 beschrieben etwa 12 Kreise mit ungefähr 10 cm Ø ausstechen und jeweils mit 1 Eßlöffel Zwiebelmasse füllen.

3. Die Teigtaschen auf ein mit Backpapier ausgelegtes Backblech setzen. Die Eigelbe mit etwas Wasser verrühren. Die Teigtaschen damit bestreichen, restliche Sonnenblumenkerne darüberstreuen, 15 bis 20 Minuten backen.

TEIGTASCHEN AUS ALLER WELT

Folgen Sie uns ins kulinarische Reich der raffiniert gefüllten Teigtaschen. Sie gelten überall auf der Welt als besonders feine Leckerbissen. Und jedes Land hat seine eigenen Spezialitäten.

Ravioli mit Fleischfüllung

- Für etwa 30 Teigtaschen, ca. 8 cm Ø
- Zubereitungszeit: ca. $1^3/_4$ Std.
- Ruhezeit: ca. 1 Std.
- ca. 680 kcal je Portion
- Zum Kochen
- Dazu paßt Tomatensauce

$^1/_2$ Rezept Nudelteig (S. 6)
300 g Tatar
100 g Kalbsbrät
100 g Mett
3 EL Semmelbrösel
1 Ei, $^1/_2$ TL Salz
Pfeffer aus der Mühle
3 EL gehackte Petersilie
3 EL gehacktes Basilikum
1 TL getrockneter Thymian
3 EL geriebener Parmesan
1 Zwiebel
1 Knoblauchzehe
2 EL Olivenöl, 80 g Schinkenspeck
Mehl zum Bearbeiten
2 l Gemüsebrühe

1. Den Nudelteig zubereiten und ruhen lassen. Die Fleischsorten in einer Schüssel mit den Semmelbröseln, dem Ei, Salz, Pfeffer, den Kräutern und dem Käse leicht vermengen.

2. Zwiebel und Knoblauchzehe fein hacken. Im heißen Öl weich dünsten und zum Hackfleisch geben. Den Speck sehr fein würfeln, im verbliebenen Fett 3 Minuten braten und ebenfalls zum Hackfleisch geben. Alles gut miteinander mischen.

3. Den Nudelteig mit einer Nudelmaschine oder auf einem mit Mehl bestäubten Tuch 1 bis 2 mm dünn ausrollen. Wie auf S. 5 beschrieben etwa 30 Teigkreise mit ungefähr 8 cm Ø ausstechen und jeweils mit 1 Teelöffel Fleischmasse füllen.

4. Die Brühe zum Kochen bringen. Die Ravioli darin etwa 10 Minuten garziehen lassen und in der heißen Brühe servieren.

Variation:
Sie können die Ravioli auch in siedendem Salzwasser garen und mit einer Käse-Sahne-Sauce anrichten.

Wan-Tan-Taschen

- Für etwa 25 Teigtaschen, ca. 10 cm Ø
- Zubereitungszeit: ca. $1^1/_4$ Std.
- Ruhezeit: ca. 1 Std.
- ca. 690 kcal je Portion
- Zum Kochen
- Dazu paßt chinesisches Bier

$^1/_2$ Rezept Nudelteig (S. 6)
1 Zwiebel
1 Knoblauchzehe
2 EL Sesamöl
400 g Schweinehackfleisch
100 g gekochte Garnelen
1 Eigelb
1 Bund Schnittlauch
Salz
$^1/_2$ TL Fünf-Gewürze-Pulver
Mehl zum Bearbeiten
2 l Hühnerbrühe

1. Den Nudelteig zubereiten, ruhen lassen. Zwiebel und Knoblauch schälen und fein hacken. Im heißen Sesamöl weich, aber nicht braun braten. Leicht abgekühlt mit dem Hackfleisch in einer Schüssel vermengen.

2. Die Garnelen am Rücken einschneiden, vom Darm befreien, grob hacken und mit dem Eigelb zum Hackfleisch geben. Die Hälfte des Schnittlauchs in kleine Röllchen schneiden. Zu den Zutaten in der Schüssel geben und alles zu einem glatten Teig verarbeiten. Das Ganze mit etwas Salz und dem 5-Gewürze-Pulver pikant abschmecken.

3. Den Nudelteig auf einem leicht bemehlten Tuch 1 bis 2 mm dünn ausrollen. Wie auf S. 5 beschrieben etwa 25 Teigkreise mit ungefähr 10 cm Ø ausstechen und jeweils mit 1 Eßlöffel Garnelen-Fleisch-Masse füllen. Die Brühe zum Kochen bringen. Die Wan-Tan-Taschen darin nacheinander etwa 10 Minuten garziehen lassen. Die Teigtaschen in der heißen Brühe servieren. Mit Schnittlauch garnieren.

Piroggen

- Für etwa 12 Teigtaschen, ca. 10 cm Ø
- Zubereitungszeit: ca. 1 1/4 Std.
- Kühlzeit: ca. 1 Std.
- ca. 840 kcal je Portion
- Zum Backen
- Dazu paßt Bier oder Wodka

1 Rezept Mürbeteig (S. 4)
1 TL getrockneter Dill
300 g Zwiebeln
2 EL Schmalz
300 g Tatar
1 hartgekochtes Ei
1 kleine Salzgurke
3 TL gehackter Dill
Salz, Pfeffer aus der Mühle
Mehl zum Bearbeiten
2 Eigelb
1 EL Schnittlauchröllchen

1. Den Mürbeteig zubereiten, dabei den Teig mit dem getrockneten Dill würzen, und kühl stellen. Die Zwiebeln schälen und fein hacken. Das Schmalz erhitzen und die Zwiebelwürfel darin goldgelb dünsten.

2. Das Tatar mit den abgekühlten Zwiebeln grob vermengen. Das Ei pellen und mit der Gurke fein würfeln. Zur Tatar-Zwiebel-Mischung geben und vermengen. Das Ganze mit dem Dill, Salz und Pfeffer abschmecken.

3. Den Backofen auf 190 °C vorheizen. Den Teig zwischen Frischhaltefolie dünn ausrollen. Wie auf S. 5 beschrieben 12 Kreise mit ungefähr 10 cm Ø ausstechen und jeweils mit 1 Eßlöffel Füllung füllen.

4. Die Teigtaschen auf ein mit Backpapier ausgelegtes Backblech setzen. Die Eigelbe mit etwas Wasser verrühren, die Piroggen damit dünn bestreichen und 15 bis 20 Minuten backen. Heiß mit dem restlichen Eigelb bestreichen und mit Schnittlauch bestreuen.

Tortellini

- Für etwa 36 Teigtaschen, ca. 6 cm Ø
- Zubereitungszeit: ca. 1 3/4 Std.
- Ruhezeit: ca. 1 Std.
- ca. 450 kcal je Portion
- Zum Kochen
- Dazu paßt Gorgonzola-Sahne-Sauce

1/2 Rezept Nudelteig (S. 6)
300 g Ricotta, 250 g Mangoldblätter
4 EL geriebener Parmesan
2 EL flüssige Butter
2 Knoblauchzehen, 3 Frühlingszwiebeln
Salz, Pfeffer aus der Mühle
frisch geriebene Muskatnuß
Mehl zum Bearbeiten

1. Den Nudelteig zubereiten und ruhen lassen. Den Ricotta durch ein Sieb streichen. Die Mangoldblätter für 3 Minuten in kochendes Wasser legen, gut ausdrücken und fein hacken. Mit dem Ricotta mischen.

2. Den geriebenen Käse und die flüssige Butter zur Füllung geben. Den Knoblauch und die Frühlingszwiebeln putzen und fein hacken. Mit den Gewürzen zur Füllung geben und alles gut miteinander vermengen.

3. Den Teig mit einer Nudelmaschine oder auf einem bemehlten Tuch 1 bis 2 mm dünn ausgerollen. Wie auf Seite 5 beschrieben etwa 36 Teigkreise mit ungefähr 6 cm Ø ausstechen und jeweils mit 1 knappen Teelöffel Ricotta-Mangold-Masse füllen. Die Enden der Teigtaschen über einem Rundholz leicht zusammendrücken.

4. Die Tortellini nacheinander in Salzwassser oder in Gemüsebrühe etwa 10 Minuten garziehen lassen und mit einer Sauce oder in der Brühe servieren.

Tortelloni mit Salbei

- Für etwa 16 Teigtaschen, ca. 12 cm Ø
- Zubereitungszeit: ca. 1 Std.
- Ruhezeit: ca. 1 Std.
- ca. 680 kcal je Portion
- Zum Kochen
- Dazu paßt italienischer Rotwein

1/2 Rezept Nudelteig (S. 6)
400 g Ricotta, 1 Bund Salbei
2 Schalotten
1 Knoblauchzehe
5 EL Butter, 2 Eigelb
Salz, Pfeffer aus der Mühle
3 EL geriebener Pecorino
Mehl zum Bearbeiten
2 l Gemüsebrühe
80 g Butter

1. Den Nudelteig zubereiten und ruhen lassen. Den Ricotta durch ein feines Sieb streichen. Die Hälfte der abgezupften Salbeiblätter fein hacken und zum Ricotta geben.

2. Die Schalotten und den Knoblauch schälen und fein hacken. In der heißen Butter weich dünsten, abkühlen lassen und mit den Eigelben zur Füllung geben. Alles gut miteinander mischen und mit Salz, Pfeffer sowie dem geriebenen Käse pikant abschmecken.

3. Den Nudelteig mit einer Nudelmaschine oder auf einem bemehlten Tuch 1 bis 2 mm dünn ausrollen. Wie auf S. 5 beschrieben etwa 16 Kreise mit ungefähr 12 cm Ø ausstechen und mit 2 Eßlöffeln Ricottamasse füllen.

4. Die Tortelloni in der heißen Brühe etwa 10 Minuten garziehen lassen, herausnehmen und gut abtropfen lassen.

5. Die Butter leicht bräunen und die restlichen Salbeiblätter darin knusprig braten. Anschließend über die heißen Nudeltaschen gießen und sofort servieren.

Wareniky

- Für etwa 25 Teigtaschen, ca. 10 cm Ø
- Zubereitungszeit: ca. 3/4 Std.
- Ruhezeit: ca. 1 Std.
- ca. 810 kcal je Portion
- Zum Kochen
- Dazu paßt Gurkensalat

1/2 Rezept Nudelteig (S. 6)
300 g durchwachsener Speck
450 g Schichtkäse
1 Eigelb
1 Bund Schnittlauch
Salz, Pfeffer aus der Mühle
Mehl zum Bearbeiten
2 l Gemüse- oder Fleischbrühe

1. Den Nudelteig zubereiten und ruhen lassen. Den Speck sehr fein würfeln, in einer heißen Pfanne knusprig braten und auf Küchenpapier entfetten.

2. Den Schichtkäse durch ein Sieb streichen und mit dem abgekühlten Speck mischen. Das Eigelb, den Schnittlauch in Röllchen, Salz und Pfeffer dazugeben und alles gut miteinander vermengen.

3. Den Teig mit einer Nudelmaschine oder auf einem bemehlten Tuch so dünn wie möglich ausrollen. Wie auf S. 5 beschrieben etwa 25 Teigtaschen mit ungefähr 10 cm Ø ausstechen und mit 1 Eßlöffel Quarkmasse füllen. Die Teigtaschen in der siedenden Brühe etwa 10 Minuten garziehen lassen und heiß servieren.

Teigtaschen mit Pilzen

- Für etwa 12 Teigtaschen, ca. 12 cm Ø
- Zubereitungszeit: ca. 1 Std.
- Ruhezeit: ca. 1 Std.
- ca. 1000 kcal pro Portion
- Zum Braten
- Dazu paßt mexikanisches Bier

1 Rezept Quark-Öl-Teig (S. 7)
100 g feines Maismehl
1 Zwiebel, 3 Knoblauchzehen
10-12 EL Olivenöl
500 g braune Champignons
Salz, 1 Chilischote
2 Limetten, 2 EL gehackte Melisseblätter
Mehl zum Bearbeiten, 6 EL flüssige Butter

1. Den Teig zubereiten, dabei jedoch 100 g Weizenmehl durch 100 g Maismehl ersetzen, und ruhen lassen. Die Zwiebel und die Knoblauchzehen schälen und fein hacken. In 2 Eßlöffeln heißem Olivenöl weich dünsten.

2. Pilze klein schneiden und mit 2 Eßlöffeln Öl zu den Zwiebeln geben, bei starker Hitze 3 Minuten unter Wenden braten und mit etwas Salz würzen. Die Chilischote, eventuell ohne Kerne, fein würfeln und zu den Pilzen geben. Von 1/2 Limette die Schale dazureiben, dann auspressen. Saft und Melisseblätter hinzufügen. Alles gut mischen.

3. Den Teig zwischen Frischhaltefolie dünn ausrollen. Wie auf S. 5 beschrieben 12 Teigkreise mit ungefähr 12 cm Ø ausstechen und mit 2 Eßlöffeln Pilzmasse füllen. Teigtaschen beidseitig mit etwas flüssiger Butter bestreichen. Restliches Öl nach und nach in einer Pfanne erhitzen, Pilztaschen darin auf beiden Seiten insgesamt in etwa 10 Minuten goldgelb braten. Die Schale von 1/2 Limette mit einem Zestenreißer in Streifen, die andere Hälfte in dünne Scheiben schneiden. Beides mit den Teigtaschen anrichten.

Szegediner Teigtaschen

- Für etwa 16 Teigtaschen, ca. 12 cm Ø
- Zubereitungszeit: ca. 1 1/4 Std.
- Ruhezeit: ca. 1 Std.
- ca. 600 kcal je Portion
- Zum Dämpfen
- Dazu paßt Bier

1/2 Rezept Nudelteig (S. 6)
1/2 TL Kümmelpulver
2 Zwiebeln, 1 Knoblauchzehe
3 EL Sonnenblumenöl
250 g gemischtes Hackfleisch
250 g Sauerkraut
1 TL Rosenpaprikapulver
1 Lorbeerblatt, 3 Wacholderbeeren
Salz, Mehl zum Bearbeiten
250 g saure Sahne, 100 g süße Sahne
1 Msp. Zucker, 1 TL edelsüßes Paprikapulver, 1 EL Kümmelsamen

1. Den Nudelteig zubereiten, dabei mit dem Kümmelpulver würzen, und ruhen lassen. Die Zwiebeln und den Knoblauch fein hacken. Im heißen Sonnenblumenöl weich dünsten. Das Hackfleisch zu den Zwiebeln geben und unter Wenden krümelig braten. Sauerkraut, Paprikapulver, Lorbeerblatt und zerdrückte Wacholderbeeren hinzufügen. Alles 1/4 Stunde bei mittlerer Hitze zugedeckt köcheln, mit etwas Salz abschmecken und abkühlen lassen. Lorbeerblatt und Wacholderbeeren entfernen.

2. Den Teig mit einer Nudelmaschine oder auf einem leicht bemehlten Tuch 1 bis 2 mm dünn ausrollen. Wie auf S. 5 beschrieben etwa 16 Teigkreise mit ungefähr 12 cm Ø ausstechen und jeweils mit 2 Eßlöffeln Füllung füllen und nacheinander über kochendem Salzwasser im geschlossenen Topf etwa 1/4 Stunde garen. Süße und saure Sahne mit etwas Salz, Zucker, Paprika sowie Kümmel verrühren und über die heißen Teigtaschen gießen.

Teigtaschen mit Lammfleisch

- Für etwa 8 Teigtaschen, ca. 12 cm Ø
- Zubereitungszeit: ca. 1 1/4 Std.
- Kühlzeit: ca. 1 Std.
- ca. 900 kcal je Portion
- Zum Backen
- Dazu paßt Bohnensalat

1 Rezept Mürbeteig (S. 4)
1 TL Kreuzkümmel
1 Zwiebel, 1 Knoblauchzehe
3 EL Sonnenblumenöl
1 Karotte, 300 g mageres Lammfleisch
1 TL Rosenpaprikapulver
3 EL gehackte Petersilie
Salz, Pfeffer aus der Mühle
Mehl zum Bearbeiten, 2 Eigelb

1. Den Mürbeteig zubereiten, dabei den Teig mit dem Kreuzkümmel würzen, und kühl stellen. Die Zwiebel, den Knoblauch sowie die Karotte schälen und sehr fein würfeln. Im heißen Öl unter Wenden etwa 3 Minuten dünsten.

2. Das Fleisch in erdnußgroße Würfel schneiden, in die Pfanne zum Gemüse geben und bei starker Hitze unter Wenden 5 Minuten anbraten. Bei Bedarf etwas Wasser oder Brühe hinzufügen. Die Füllung abkühlen lassen und mit Paprikapulver, Petersilie, Salz und Pfeffer pikant abschmecken.

3. Den Backofen auf 190 °C vorheizen. Den Mürbeteig zwischen Frischhaltefolie dünn ausrollen. Wie auf S. 5 beschrieben etwa 8 Teigkreise mit ungefähr 12 cm Ø ausstechen und jeweils mit 2 Eßlöffeln Fleischmasse füllen.

4. Die Teigtaschen auf ein mit Backpapier ausgelegtes Backblech setzen. Die Eigelbe mit etwas Wasser verrühren. Die Teigtaschen damit bestreichen, in 15 bis 20 Minuten goldgelb backen und heiß servieren.

Teigtaschen mit Spinat und Schafskäse

- Für etwa 12 Teigtaschen, ca. 12 cm Ø
- Zubereitungszeit: ca. 1 1/4 Std.
- ca. 510 kcal je Portion
- Zum Backen
- Dazu paßt Knoblauchjoghurt

300 g TK-Blätterteig
2 Zwiebeln, 1 Knoblauchzehe
2 EL Sonnenblumenöl
350 g Blattspinat
3 EL gehackte Petersilie
150 g Schafskäse
Salz, 1 Msp. Kreuzkümmel
1 TL Rosenpaprikapulver
etwas Mehl zum Bearbeiten, 2 Eigelb

1. Den Blätterteig antauen lassen, dann leicht überlappend nebeneinanderlegen und zwischen Frischhaltefolie dünn ausrollen. Wie auf S. 5 beschrieben etwa 12 Teigkreise mit ungefähr 12 cm Ø ausstechen.

2. Die Zwiebeln und den Knoblauch fein hacken und im heißen Öl weich dünsten. Den Spinat putzen, waschen und gut abtropfen lassen, zu den Zwiebeln geben, erhitzen und so lange mitbraten, bis er zusammenfällt.

3. Den Spinat abkühlen lassen, gut ausdrücken und mit der Petersilie mischen. Den Käse würfeln und mit etwas Salz, Kreuzkümmel sowie Paprikapulver zum Spinat geben und mischen. Die Teigkreise jeweils mit 2 Eßlöffeln Spinat-Käse-Mischung füllen.

4. Den Backofen auf 220 °C vorheizen. Die Teigtaschen auf ein mit kaltem Wasser abgespültes Backblech setzen. Die Eigelbe mit etwas Wasser verrühren, die Teigtaschen damit mehrmals bestreichen und oben mit einer Gabel mehrmals einstechen. Teigtaschen 15 bis 20 Minuten backen und heiß servieren.

Samosas

- Für etwa 16 Teigtaschen, ca. 10 cm Ø
- Zubereitungszeit: ca. 1 1/4 Std.
- Ruhezeit: ca. 1/2 Std.
- ca. 760 kcal pro Portion
- Zum Braten
- Dazu paßt Tee

1 Rezept Kartoffelteig (S. 7)
1 Döschen Safranpulver
400 g festkochende Kartoffeln
ca. 15 EL Olivenöl
1 TL Senfkörner, 1 TL Fenchelsamen
2 Zwiebeln, 2 Knoblauchzehen
80 g TK-Erbsen
1/2 TL Kurkuma, 1/2 TL Kreuzkümmel
1 EL frisch geriebene Ingwerwurzel
1 Chilischote, Salz
4 EL gehacktes Koriandergrün
Mehl zum Bearbeiten

1. Teig zubereiten, dabei den Teig mit dem in 1 Teelöffel heißem Wasser aufgelösten Safranpulver würzen. Kartoffeln garen und klein würfeln. 2 Eßlöffel Öl in einer Pfanne erhitzen. Senfkörner und Fenchelsamen darin unter Wenden rösten. Zwiebeln und Knoblauchzehen fein würfeln, zum Würzöl geben und weich dünsten. Kartoffelwürfel und 2 Eßlöffel Öl hinzufügen. Alles 5 Minuten braten.

2. Erbsen in Wasser garen, abgießen, mit den Gewürzen zu den Kartoffeln geben und mischen. Chilischote fein würfeln, vorher eventuell die Kerne entfernen. Alles mit Chili und Salz abschmecken. Koriandergrün hinzufügen.

3. Den Teig zwischen leicht bemehlter Frischhaltefolie dünn ausrollen. Wie auf S. 5 beschrieben etwa 16 Kreise mit ungefähr 10 cm Ø ausstechen und jeweils mit 1 Eßlöffel Kartoffelmasse füllen. Samosas im restlichen heißen Öl auf beiden Seiten goldbraun braten.
(auf dem Foto: oben)

Burekas

- Für etwa 16 Teigtaschen, ca. 10 cm Ø
- Zubereitungszeit: ca. 1/2 Std.
- ca. 760 kcal pro Portion
- Zum Backen
- Dazu paßt saure Sahne

300 g TK-Blätterteig
3 Zwiebeln, 2 EL Olivenöl
200 g Ziegengouda
200 g Feta, 4 Eigelb
3 EL gehackter Dill
2 EL gehackte Petersilie
Pfeffer aus der Mühle
Mehl zum Bearbeiten

1. Den Blätterteig antauen lassen, dann leicht überlappend nebeneinanderlegen und zwischen Frischhaltefolie dünn ausrollen. Wie auf S. 5 beschrieben etwa 16 Kreise mit ungefähr 10 cm Ø ausstechen.

2. Die Zwiebeln schälen, fein würfeln und im heißen Olivenöl weich dünsten. Den Ziegenkäse grob reiben, 3 Eßlöffel davon beiseite legen. Den Feta zerdrücken. Beide Käsesorten mit den Zwiebeln, 2 Eigelben, den gehackten Kräutern und etwas Pfeffer mischen.

3. Den Backofen auf 220 °C vorheizen. Die Teigkreise mit jeweils 1 Eßlöffel von der Kräuter-Käse-Masse füllen. Die Teigtaschen auf ein mit kaltem Wasser abgespültes Backblech setzen. Die restlichen Eigelbe mit wenig Wasser verrühren. Die Teigtaschen mit etwas davon dünn bestreichen und oben mit einer Gabel mehrmals einstechen.

4. Die Teigtaschen 15 bis 20 Minuten backen. 5 Minuten vor Backende mit dem übrigen Eigelb bestreichen, mit dem zurückgelegten Käse bestreuen und warm servieren.
(auf dem Foto: unten)

SCHNELL · BULGARISCH

Hackfleischtaschen

- Für etwa 25 Teigtaschen, ca. 10 cm Ø
- Zubereitungszeit: ca. 1 Std.
- Ruhezeit: ca. 1 Std.
- ca. 630 kcal pro Portion
- Zum Kochen
- Dazu paßt Knoblauchbrot

1/2 Rezept Nudelteig (S. 6)
150 g Zwiebeln
2 Knoblauchzehen
3 EL Olivenöl
1 Chilischote
100 g Räucherschinken
400 g Tatar
1 Eigelb
1 gekochte Kartoffel
1 EL Crème fraîche
Salz, frisch geriebene Muskatnuß
Mehl zum Bearbeiten
2 l Hühnerbrühe

1. Den Nudelteig zubereiten und ruhen lassen. Die Zwiebeln und den Knoblauch schälen, fein würfeln und dann im heißen Öl weich schmoren.

2. Die Chilischote kleinschneiden, eventuell zuvor die Kerne entfernen. Den Schinken klein würfeln. Das Tatar mit den Zwiebeln, den Chili- und Schinkenwürfeln, dem Eigelb, der fein geriebenen Kartoffel und der Crème fraîche mischen. Die Füllung mit etwas Salz und Muskatnuß pikant abschmecken.

3. Den Teig mit einer Nudelmaschine oder auf einem leicht bemehlten Tuch 1 bis 2 mm dünn ausrollen. Wie auf S. 5 beschrieben 25 Kreise mit ungfähr 10 cm Ø ausstechen und mit 1 Eßlöffel Füllung füllen.

4. Die Brühe erhitzen und die Teigtaschen darin etwa 10 Minuten garziehen lassen. In der heißen Brühe servieren.

Käsetaschen

- Für etwa 12 Teigtaschen, ca. 10 cm Ø
- Zubereitungszeit: ca. 1 Std.
- Kühlzeit: ca. 1 Std.
- ca. 900 kcal pro Portion
- Zum Backen
- Dazu paßt Retsina

1 Rezept Mürbeteig (S. 4)
50 g ungarische Salami
200 g Hüttenkäse
100 g fetter Schafskäse (Manouri)
1 EL Crème fraîche
2 EL gehackte Pfefferminzblätter
3 Eigelb
Salz
Pfeffer aus der Mühle
Mehl zum Bearbeiten
3 EL Sesam

1. Den Mürbeteig zubereiten und kühl stellen. Die Salami in winzige Würfel schneiden und mit dem Hüttenkäse mischen. Den Schafskäse durch ein Sieb dazudrücken. Alles mit der Crème fraîche, den Pfefferminzblättern und 1 Eigelb vermengen. Die Füllung mit etwas Salz und Pfeffer pikant abschmecken.

2. Den Backofen auf 190 °C vorheizen. Den Teig zwischen Frischhaltefolie dünn ausrollen. Wie auf S. 5 beschrieben etwa 12 Kreise mit ungefähr 10 cm Ø ausstechen und mit 1 Eßlöffel Käsemasse füllen.

3. Die restlichen Eigelbe mit etwas Wasser verrühren. Die Teigtaschen damit bestreichen und mit dem Sesam bestreuen. Die Käsetaschen auf ein mit Backpapier ausgelegtes Backblech setzen, 15 bis 20 Minuten backen und warm oder kalt servieren.

Thunfischtaschen

- Für etwa 12 Teigtaschen, 10 cm Ø
- Zubereitungszeit: ca. 1 Std.
- Kühlzeit: ca. 1 Std.
- ca. 1080 kcal pro Portion
- Zum Backen
- Dazu paßt trockener Sherry

1 Rezept Mürbeteig (S. 4)
1 Zwiebel, 1 Knoblauchzehe
5 EL Olivenöl
2 Dosen Thunfisch naturell
(Einwaage 150 g)
50 g TK-Erbsen, 1 hartgekochtes Ei
6 EL Pinienkerne
3 EL gehackte Petersilie
Salz, Pfeffer aus der Mühle
Mehl zum Bearbeiten, 1 Eigelb

1. Den Mürbeteig zubereiten und kühl stellen. Die Zwiebel und den Knoblauch schälen, fein würfeln und in 2 Eßlöffeln heißem Öl weich dünsten.

2. Den Thunfisch abgießen, gut abtropfen lassen, mit einer Gabel zerpflücken und mit den Zwiebeln mischen. Die tiefgefrorenen Erbsen in wenig Wasser etwa 5 Minuten garen, gut abgetropfen lassen und zum Thunfisch geben. Das Ei pellen und fein würfeln. Mit den Pinienkernen, der Petersilie, etwas Salz und Pfeffer zum Thunfisch geben. Alles gut miteinander vermengen.

3. Den Backofen auf 190 °C vorheizen. Den Teig zwischen Frischhaltefolie dünn ausrollen. Wie auf S. 5 beschrieben etwa 12 Kreise mit ungefähr 10 cm Ø ausstechen und jeweils mit 1 Eßlöffel Füllung füllen. Die Thunfischtaschen auf ein mit Backpapier ausgelegtes Backblech setzen. Das Eigelb mit 1 Eßlöffel Öl mischen. Die Teigtaschen damit bestreichen, 15 bis 20 Minuten backen dann mit dem restlichen Olivenöl mehrmals bestreichen.

Calzone

- Für etwa 6 Teigtaschen, ca. 16 cm Ø
- Zubereitungszeit: 1 1/4 Std.
- Ruhezeit: ca. 1 Std.
- ca. 940 kcal je Portion
- Zum Backen
- Dazu paßt Chianti

1 Rezept Quark-Öl-Teig (S. 7)
1 Zwiebel, 1 Knoblauchzehe
2 EL Olivenöl, 1 TL Rosmarin
500 g Tomaten, Salz
Pfeffer aus der Mühle, 1 Prise Zucker
etwas abgeriebene Zitronenschale
4 Scheiben gekochter Schinken
10 gefüllte Oliven, 4 gekochte
Artischockenherzen (Fertigprodukt)
250 g Mozzarella
1 TL getrocknetes Oregano
Mehl zum Bearbeiten, 1 Eigelb
1 TL Kräuter der Provence

1. Teig zubereiten und ruhen lassen. Zwiebel und Knoblauch fein hacken und in 1 Eßlöffel heißem Öl dünsten. Rosmarinnadeln einstreuen. Tomaten kurz in kochendes Wasser tauchen, enthäuten und entkernen. Fruchtfleisch grob hacken, zu den Zwiebeln geben. Alles kochen, bis die Flüssigkeit eingekocht ist. Mit Salz, Pfeffer, Zucker, Zitronenschale würzen.

2. Schinken in Streifen, Oliven in Scheiben schneiden. Artischocken vierteln, Mozzarella würfeln. Alles mit der abgekühlten Tomatensauce verrühren. Oregano dazugeben.

3. Den Backofen auf 200 °C vorheizen. Den Teig zwischen Frischhaltefolie dünn ausrollen. Wie auf S. 5 beschrieben etwa 6 Kreise mit ungefähr 16 cm Ø ausstechen und jeweils mit 1/6 der Tomatenmischung füllen. Auf ein Backblech legen. Eigelb und restliches Öl mischen, auf die Taschen streichen, diese mit Kräutern bestreuen und ca. 15 Minuten backen.

SÜSSE TEIGTASCHEN

Sie sind Favoriten der nachmittäglichen Kaffeetafel: kleine, zuckersüße oder fruchtig-herbe Teigtaschen. Sie lassen sich schnell herstellen und bei Zeitmangel einfach mit etwas Konfitüre und Nüssen füllen.

Blaubeertaschen

- Für etwa 18 Teigtaschen, ca. 10 cm Ø
- Zubereitungszeit: ca. 1 Std.
- Ruhezeit: ca. 1 1/4 Std.
- ca. 240 kcal pro Stück
- Zum Backen
- Dazu paßt Zimt-Schlagsahne

1 Rezept Quark-Öl-Teig (S. 7)
10 EL Zucker
500 g Blaubeeren
1 Msp. Zimt
1 EL Speisestärke
100 g Magerquark
Mehl zum Bearbeiten
180 g Puderzucker
2–3 EL süße Sahne oder Milch

1. Den Quark-Öl-Teig zubereiten, dabei mit 4 Eßlöffeln Zucker süßen, und gehen lassen. Die Blaubeeren tropfnaß in einem Topf mit dem restlichen Zucker und dem Zimt mischen und aufkochen.

2. Die Speisestärke mit etwas kaltem Wasser anrühren, zu den kochenden Blaubeeren gießen, einmal aufkochen, dann abkühlen lassen. 2 Eßlöffel Blaubeersaft beiseite stellen. Den Quark in ein Küchentuch legen, ausdrücken und mit den abgekühlten Blaubeeren mischen.

3. Den Backofen auf 190 °C vorheizen. Den Teig zwischen Frischhaltefolie dünn ausrollen. Wie auf S. 5 beschrieben etwa 18 Kreise mit ungefähr 10 cm Ø ausstechen und jeweils mit 1 Eßlöffel Blaubeerquark füllen. Die Taschen auf ein mit Backpapier ausgelegtes Backblech setzen und nochmals 10 Minuten gehen lassen. Jede Teigtasche mit einer Gabel zweimal einstechen, 15 bis 20 Minuten backen und auf einem Kuchengitter auskühlen lassen.

4. Den Puderzucker sieben. Ungefähr 100 g mit der Sahne oder der Milch zu einem dicklichen Guß verrühren. Restlichen Puderzucker mit dem Blaubeersaft ebenfalls zu einem Guß verarbeiten. Die abgekühlten Teigtaschen dünn mit dem weißen Guß überziehen. 2 Bogen Butterbrotpapier zu einer Tüte formen, den blauen Guß einfüllen, die Spitze knapp abschneiden und die Tüte schnell über den Teigtaschen hin- und herschwenken.

ZEITINTENSIV
FRUCHTIG

Bananentaschen

- Für etwa 12 Teigtaschen, ca. 12 cm Ø
- Zubereitungszeit: ca. 1/2 Std.
- ca. 160 kcal je Stück
- Zum Backen
- Dazu paßt Kiwipüree

300 g TK-Blätterteig
2 reife Bananen
abgeriebene Schale von 1/2 Zitrone
2 EL Zitronensaft
2 EL Honig
4 EL Cornflakes
Mehl zum Bearbeiten
1 Ei
1 EL Milch
3 EL Mandelblättchen

1. Den Blätterteig antauen lassen, dann leicht überlappend nebeneinander legen und zwischen Frischhaltefolie dünn ausrollen. Wie auf S. 5 beschrieben etwa 12 Teigkreise mit ungefähr 12 cm Ø ausstechen.

2. Die Bananen schälen. Eine Frucht mit der Gabel zermusen, die andere fein würfeln und mit dem Mus mischen. Die Bananen mit der Zitronenschale, dem Zitronensaft und dem Honig gut verrühren.

3. Den Backofen auf 220 °C vorheizen. Die Cornflakes in einem Gefrierbeutel mit Hilfe des Teigrollers grob zerkleinern und mit der Bananenmischung vermengen. Die Teigkreise mit jeweils 2 Eßlöffeln Füllung füllen.

4. Das Ei mit der Milch verrühren, die Teigtaschen damit bestreichen und zum Schluß mit den Mandelblättchen bestreuen. Die Bananentaschen auf ein mit kaltem Wasser abgespültes Backblech setzen und in 15 bis 20 Minuten knusprig backen.
(auf dem Foto oben)

Ananastaschen

- Für etwa 12 Teigtaschen, ca. 10 cm Ø
- Zubereitungszeit: ca. 1 Std.
- Kühlzeit: ca. 1 Std.
- ca. 280 kcal je Stück
- Zum Backen
- Dazu paßt Jasmintee

1 Rezept Mürbeteig (S. 4)
3 EL Zucker
1/2 große Ananas
6 EL Ananaskonfitüre
3 EL gehackte Pistazien
2 Eigelb

1. Den Mürbeteig zubereiten. Den Teig jedoch mit 3 Eßlöffeln Zucker süßen. Kühl stellen. Die halbe Ananas längs vierteln, schälen, mit einem spitzen Messer die dunklen Augen entferne und den harten Strunk in der Mitte herausschneiden.

2. Die Ananas zunächst quer in dünne Scheiben, dann in schmale Streifen schneiden. Mit der Konfitüre und mit 2 Eßlöffeln gehackten Pistazien mischen.

3. Den Backofen auf 190 °C vorheizen. Den Teig zwischen Frischhaltefolie dünn ausrollen. Wie auf S. 5 beschrieben etwa 12 Kreise mit ungefähr 10 cm Ø ausstechen und jeweils mit 1 Eßlöffel Füllung füllen.

4. Ein Backblech mit Backpapier auslegen und die Teigtaschen daraufsetzen. Die Eigelbe mit etwas Wasser glattrühren. Die Teigtaschen damit bestreichen, mit den restlichen Pistazien bestreuen und in 15 bis 20 Minuten goldgelb backen.
(auf dem Foto unten)

ZEITINTENSIV · EXOTISCH

Maronentaschen

- Für etwa 16 Teigtaschen, ca. 8 cm Ø
- Zubereitungszeit: ca. 3/4 Std.
- Kühlzeit: ca. 1 Std.
- ca. 270 kcal je Stück
- Zum Backen
- Dazu paßt Vanilleeis

1 Rezept Mürbeteig (S. 4)
3 EL Zucker
500 g Maronen (Eßkastanien)
2-3 EL süße Sahne, 1 kleine Birne
30 g Raspelschokolade
Mehl zum Bearbeiten
2 Eigelb, 3 EL gehobelte Haselnüsse

1. Den Mürbeteig zubereiten, dabei mit 3 Eßlöffeln Zucker süßen und kühl stellen. Den Backofen auf 200 °C vorheizen.

2. Die Maronen kreuzweise einritzen und 30 bis 40 Minuten im heißen Backofen rösten, bis die Schalen aufplatzen, dann schälen, dabei auch die dunkle Haut entfernen.

3. Die Backofentemperatur auf 190 °C herunterschalten. Die Maronen mit einer Gabel grob zerdrücken und mit der Sahne verrühren. Die Birne schälen, klein würfeln und zusammen mit der Raspelschokolade zu den Maronen geben. Alles gut verrühren.

4. Den Teig zwischen Frischhaltefolie dünn ausrollen. Wie auf S. 5 beschrieben etwa 16 Kreise mit ungefähr 8 cm Ø ausstechen und mit jeweils 1 Teelöffel Maronenmasse füllen.

5. Die Teigtaschen auf ein mit Backpapier ausgelegtes Backblech setzen. Die Eigelbe mit etwas Wasser verrühren. Die Teigtaschen damit bestreichen, mit den gehobelten Haselnüssen bestreuen, 15 bis 20 Minuten backen und warm servieren.

Apfeltaschen

- Für etwa 14 Teigtaschen, ca. 12 cm Ø
- Zubereitungszeit: ca. 1 Std.
- Ruhezeit: ca. 1 Std.
- ca. 330 kcal pro Stück
- Zum Backen
- Dazu paßt Schlagsahne

1 Rezept Hefeteig (S. 6)
5 EL Zucker
600 g säuerliche Äpfel
50 ml Weißwein
3 EL Rumrosinen
3 EL gehackte Mandeln
3 EL Honig
1 P. Vanillezucker
Mehl zum Bearbeiten
2 Eigelb
3 EL Mandelblättchen

1. Den Hefeteig zubereiten, dabei aber mit 5 Eßlöffeln Zucker süßen, und ruhen lassen.

2. Die Äpfel schälen, das Kerngehäuse entfernen und das Fruchtfleisch würfeln. Den Weißwein erhitzen und die Apfelwürfel darin offen etwa 10 Minuten garen, dann abkühlen lassen. Die Rumrosinen, die gehackten Mandeln, den Honig und den Vanillezucker unter die Äpfel rühren.

3. Den Backofen auf 190 °C vorheizen. Den Teig zwischen Frischhaltefolie dünn ausrollen. Wie auf S. 5 beschrieben etwa 14 Kreise mit ungefähr 12 cm Ø ausstechen und jeweils mit 2 Eßlöffeln Apfelmasse füllen.

4. Die Teigtaschen auf ein mit Backpapier ausgelegtes Backblech setzen. Die Eigelbe mit etwas Wasser verrühren. Die Teigtaschen damit dünn bestreichen und 15 bis 20 Minuten backen. 5 Minuten vor Backende die Teigtaschen mit dem restlichen Eigelb bestreichen und mit den Mandelblättchen bestreuen.

Quittentaschen

- Für etwa 12 Teigtaschen, ca. 10 cm Ø
- Zubereitungszeit: ca. 1 Std.
- Kühlzeit: ca. 1 Std.
- ca. 360 kcal je Stück
- Zum Backen
- Dazu paßt Kakao

1 Rezept Mürbeteig (S. 4)
3 EL Zucker, 50 g gemahlene Pistazien
700 g Quitten, 5 EL Zucker
1 Msp. Zimt
1 TL frisch geriebener Ingwer
3 EL Zitronensaft
Mehl zum Bearbeiten
4 EL flüssige Butter
125 g Puderzucker

1. Den Mürbeteig zubereiten, dabei jedoch mit 3 Eßlöffeln Zucker süßen und 50 g gemahlene Pistazien statt 50 g Mehl verwenden und kühl stellen.

2. Die Quitten abreiben und vierteln. In wenig Wasser weich kochen, abgießen und durch ein nicht zu feines Sieb streichen. Das Fruchtpüree mit dem Zucker, Zimt, Ingwer und 2 Eßlöffeln Zitronensaft verrühren.

3. Den Backofen auf 190 °C vorheizen. Den Teig zwischen Frischhaltefolie dünn ausrollen. Wie auf S. 5 beschrieben etwa 12 Kreise mit ungefähr 10 cm Ø ausstechen und jeweils mit 1 Eßlöffel abgekühltem Quittenpüree füllen.

4. Die Teigtaschen auf ein mit Backpapier ausgelegtes Backblech setzen, mit etwas flüssiger Butter bestreichen und 15 bis 20 Minuten backen. Dabei öfter mit etwas Butter bestreichen.

5. Für den Guß den gesiebten Puderzucker mit 1 Eßlöffel flüssiger Butter und dem restlichen Zitronensaft glattrühren. Die abgekühlten Teigtaschen damit bestreichen.

Zwetschentaschen

- Für etwa 20 Teigtaschen, ca. 8 cm Ø
- Zubereitungszeit: ca. 1 Std.
- Ruhezeit: ca. 1 Std.
- ca. 290 kcal je Stück
- Zum Kochen
- Dazu paßt Vanillesauce

1 Rezept Hefeteig (S. 6)
10 EL Zucker, 600 g Zwetschen
1 TL Zimt, 1 Msp. Nelkenpulver
etwas abgeriebene Zitronenschale
60 g gemahlene Mandeln
1 Eigelb, Mehl zum Bearbeiten, Salz
100 g Butter, 6 EL Semmelbrösel
6 EL gemahlene Haselnüsse

1. Den Hefeteig zubereiten, dabei aber mit 5 Eßlöffeln Zucker süßen, und gehen lassen.

2. Die Zwetschen waschen, entkernen, längs vierteln und tropfnaß mit dem restlichen Zucker, Zimt, Nelkenpulver sowie der Zitronenschale bei mittlerer Temperatur erhitzen und im geschlossenen Topf etwa 10 Minuten köcheln lassen. Den Saft abgießen und beiseite stellen.

3. Das abgekühlte Kompott mit den gemahlenen Mandeln und dem Eigelb mischen. Den Teig zwischen Frischhaltefolie dünn ausrollen. Wie auf S. 5 beschrieben etwa 20 Kreise mit ungefähr 8 cm Ø ausstechen und jeweils mit 1 Teelöffel Zwetschenkompott füllen.

4. 2 Liter Salzwasser in einem großen Topf zum Kochen bringen. Die Teigtaschen darin nacheinander in etwa 10 Minuten garziehen lassen. Die Butter leicht bräunen, mit den Semmelbröseln sowie den Haselnüssen mischen und über die abgetropften Zwetschentaschen geben. Den Saft getrennt dazu reichen.

Kirschtaschen

- Für etwa 8 Teigtaschen, ca. 12 cm Ø
- Zubereitungszeit: ca. 1 Std.
- Kühlzeit: ca. 1 Std.
- ca. 560 kcal je Stück
- Dazu paßt Pistazieneis

1 Rezept Mürbeteig (S. 4), 3 EL Zucker
1 Glas Amarenakirschen
(Abtropfgewicht 140 g)
150 g Marzipanrohmasse
4 EL Whiskey, 6 Walnußkerne
2 EL gehackte Pistazien
Mehl zum Bearbeiten
80 g Halbbitter-Kuvertüre
30 g weiße Kuvertüre

1. Teig zubereiten, dabei jedoch mit 3 Eßlöffeln Zucker süßen, und kühl stellen. Kirschen abtropfen lassen und halbieren. Marzipan mit Whiskey verkneten. Walnußkerne grob hakken, mit Pistazien und Kirschen mischen. Rasch unter das Marzipan kneten.

2. Den Backofen auf 190 °C vorheizen. Den Teig zwischen Frischhaltefolie dünn ausrollen. Wie auf S. 5 beschrieben etwa 8 Kreise mit ungefähr 12 cm Ø ausstechen und mit jeweils 2 Eßlöffeln Kirschmasse füllen.

3. Die Kirschtaschen auf ein mit Backpapier belegtes Backblech setzen und in 15 bis 20 Minuten backen. Die Kuvertüresorten grob hacken. Getrennt in kleinen Schüsseln im Wasserbad bei schwacher Hitze verflüssigen, kalt rühren. Dann nochmals erwärmen.

4. Jeweils 2 Bogen Butterbrotpapier zu einer Tüte formen. Die abgekühlte, noch flüssige dunkle Kuvertüre in eine Tüte füllen. Die Spitze der Tüte abschneiden. Mit schnellen Bewegungen über die abgekühlten Teigtaschen hin- und herschwenken. Die weiße Kuvertüre in die andere Tüte füllen und genauso verfahren.

Beschwipste Apfeltaschen

- Für etwa 12 Teigtaschen, ca. 12 cm Ø
- Zubereitungszeit: ca. 1 Std.
- ca. 150 kcal pro Stück
- Zum Backen
- Dazu paßt heißer Cidre oder Apfelwein

300 g TK-Blätterteig
400 g säuerliche Äpfel
100 ml Cidre oder Apfelwein
4 EL Zucker, 1 TL Vanillezucker
$^3/_4$ TL Zimt, 2 Gewürznelken
etwas abgeriebene Zitronenschale
Mehl zum Bearbeiten
1 Eiweiß, 1 EL Calvados

1. Den Teig antauen lassen, leicht überlappend nebeneinander legen und dünn ausrollen. Wie auf S. 5 beschrieben etwa 12 Teigkreise mit ungefähr 12 cm Ø ausstechen.

2. Die Äpfel vierteln, schälen und die Kerngehäuse entfernen. Das Fruchtfleisch würfeln, mit dem Cidre, 3 Eßlöffeln Zucker, dem Vanillezucker, etwas Zimt, den Gewürznelken und etwas Zitronenschale mischen. In einem geschlossenen Topf etwa 10 Minuten köcheln lassen.

3. Das Apfelkompott offen neben dem Herd auskühlen lassen. Die Gewürznelken entfernen und das Kompott durchrühren. Den Backofen auf 220 °C vorheizen. Die Teigkreise mit jeweils 2 Eßlöffeln Kompott füllen.

4. Ein Backblech mit kaltem Wasser abspülen, die gefüllten Teigtaschen darauf setzen und oben mehrmals mit einer Gabel einstechen.

5. Eiweiß mit Calvados schaumig schlagen. $^1/_2$ Teelöffel Zimt mit dem restlichen Zucker mischen. Apfeltaschen zuerst mit dem Eiweiß bestreichen, dann mit Zimtzucker bestreuen und in 15 bis 20 Minuten knusprig backen.

Aprikosentaschen

- Für etwa 12 Teigtaschen, ca. 10 cm Ø
- Zubereitungszeit: ca. 3/4 Std.
- Kühlzeit: ca. 1 Std.
- ca. 330 kcal je Stück
- Zum Backen
- Dazu paßt Schlagsahne

1 Rezept Mürbeteig (S. 4)
8 EL Zucker
500 g Aprikosen
3 EL Aprikosengeist
Mehl zum Bearbeiten
6 Zwiebacke, 1 Eigelb
100 g Puderzucker

1. Den Teig zubereiten, jedoch mit 3 Eßlöffeln Zucker süßen, und kühl stellen. Die Aprikosen entsteinen und in schmale Spalten schneiden. Mit etwa 4 Eßlöffeln Wasser und 5 Eßlöffeln Zucker bei mittlerer Temperatur garen.

2. Die Aprikosen abgießen und gut abtropfen lassen und mit 1 Eßlöffel Aprikosengeist mischen. Den Teig zwischen Frischhaltefolie dünn ausrollen. Wie auf S. 5 beschrieben etwa 12 Kreise mit ungefähr 10 cm Ø ausstechen

3. Den Backofen auf 190 °C vorheizen. Die Zwiebacke fein reiben und jeden Teigkreis damit bestreuen. Dann mit jeweils 1 Eßlöffel Aprikosenmasse füllen.

4. Teigtaschen auf ein mit Backpapier ausgelegtes Backblech setzen. Das Eigelb mit etwas Wasser verrühren. Die Teigtaschen damit bestreichen und 15 bis 20 Minuten backen. Den gesiebten Puderzucker mit dem restlichen Aprikosengeist verrühren. Die warmen Teigtaschen damit mehrmals bestreichen.

Backobsttaschen

- Für etwa 16 Teigtaschen, ca. 10 cm Ø
- Zubereitungszeit: ca. 3/4 Std.
- Ruhezeit: ca. 1/2 Std.
- ca. 250 kcal je Stück
- Zum Dämpfen
- Dazu paßt Vanillesauce

1 Rezept Kartoffelteig (S. 7)
60 g Grieß
120 g Weizen-Vollkornmehl
400 g Backobst, 1/4 l Weißwein
1 Zimtstange
50 g gehackte Mandeln
2 EL Zitronensaft
etwas abgeriebene Zitronenschale
Vollkornmehl zum Bearbeiten
Salz, 80 g Butter

1. Den Kartoffelteig zubereiten, dabei 60 g Speisestärke durch den Grieß und 120 g Mehl durch das Vollkornmehl ersetzen, und ruhen lassen.

2. Das Backobst in dem Wein und 1/4 l Wasser 1/4 Stunde einweichen. Die Zimtstange hinzufügen und das Obst bei schwacher Hitze etwa 1/4 Stunde kochen, abgießen, die Zimtstange entfernen und den Saft dabei auffangen. Das Backobst gut abtropfen lassen und kleinschneiden. Mit den Mandeln, dem Zitronensaft und etwas Zitronenschale mischen.

3. Den Teig zwischen leicht bemehlter Frischhaltefolie dünn ausrollen. Wie auf S. 5 beschrieben insgesamt etwa 16 Kreise mit ungefähr 10 cm Ø ausstechen und jeweils mit 1 Eßlöffel Backobstmasse füllen.

4. 2 Liter Salzwasser in einem großen Topf zum Kochen bringen und die Taschen darin nacheinander etwa 10 Minuten garziehen lassen. Die Butter leicht bräunen und über die abtropften Teigtaschen gießen.

Quarktaschen

- Für etwa 14 Teigtaschen, ca. 12 cm Ø
- Zubereitungszeit: ca. 3/4 Std.
- Ruhezeit: ca. 1 Std.
- ca. 340 kcal je Stück
- Zum Backen
- Dazu paßt Obstsalat

1 Rezept Hefeteig (S. 6)
10 EL Zucker, 500 g Magerquark
1 Ei, 2 EL Vanillepuddingpulver
1 P. Vanillezucker
1/2 unbehandelte Zitrone
3 EL flüssige Butter
50 g Rosinen, Mehl zum Bearbeiten
2 Eigelb, 4 EL Pinienkerne

1. Den Hefeteig zubereiten, dabei mit 5 Eßlöffeln Zucker süßen, und gehen lassen. Den Quark 1 Stunde in einem Sieb abtropfen lassen. Den restlichen Zucker mit dem Ei sehr schaumig schlagen. Das Puddingpulver und den Vanillezucker dazugeben.

2. Von der halben Zitrone die Schale zur Zucker-Ei-Mischung reiben. Die Frucht auspressen und den Saft ebenfalls hinzufügen. Die flüssige Butter mit dem Quark und der Zucker-Ei-Mischung kräftig verrühren. Die Rosinen dazugeben.

3. Den Teig zwischen Frischhaltefolie dünn ausrollen. Wie auf S. 5 beschrieben 14 Kreise mit ungefähr 12 cm Ø ausstechen und jeweils mit 2 Eßlöffeln von der zubereiteten Quarkmasse füllen.

4. Den Backofen auf 190 °C vorheizen. Die Quarktaschen auf ein mit Backpapier belegtes Backblech setzen und nochmals 10 Minuten gehen lassen. Die Eigelbe mit 1 Eßlöffel Wasser verrühren und die Teigtaschen damit bestreichen. Mit den Pinienkernen bestreuen und 15 bis 20 Minuten backen.

Ananas-Kokos-Taschen

- Für etwa 16 Teigtaschen, ca. 10 cm Ø
- Zubereitungszeit: ca. 3/4 Std.
- ca. 150 kcal pro Stück
- Zum Backen
- Dazu paßt Schokoladensauce

300 g TK-Blätterteig
1 Ananas, 4 EL Honig
4 EL Kokosnußcreme (aus der Dose)
1 EL frisch geriebener Ingwer
etwas abgeriebene Zitronenschale
6 EL Kokosflocken
Mehl zum Bearbeiten
2 Eigelb, 1 TL Milch

1. Den Blätterteig 10 Minuten antauen lassen, dann leicht überlappend nebeneinanderlegen und zwischen Frischhaltefolie dünn ausrollen. Wie auf S. 5 beschrieben etwa 16 Teigkreise mit ungefähr 10 cm Ø ausstechen.

2. Die Ananas sorgfältig schälen, vierteln, Augen und Strunk herausschneiden. Die Fruchtstücke in kleine Würfel schneiden.

3. Den Backofen auf 220 °C vorheizen. Den Honig mit der Kokosnußcreme, dem Ingwer und der Zitronenschale verrühren und mit den Ananaswürfeln mischen. Zum Schluß 3 Eßlöffel Kokosflocken dazugeben. Die Teigkreise mit jeweils 1 Eßlöffel Füllung füllen.

4. Die Teigtaschen auf ein mit kaltem Wasser abgespültes Backblech setzen und oben mit einer Gabel mehrmals einstechen. Die Eigelbe mit der Milch verrühren. Die Teigtaschen damit bestreichen, mit den restlichen Kokosflocken bestreuen, 15 bis 20 Minuten backen und warm oder kalt servieren.

Marzipantaschen

- Für etwa 12 Teigtaschen, ca. 10 cm Ø
- Zubereitungszeit: ca. 3/4 Std.
- Kühlzeit: ca. 1 Std.
- ca. 340 kcal je Stück
- Zum Backen
- Dazu paßt Glühwein

1 Rezept Mürbeteig (S. 4)
3 EL Zucker, 100 g Mandelblättchen
300 g Marzipanrohmasse
1 Eiweiß, 50 g Puderzucker
4–6 EL Rosenwasser (aus der Apotheke)
Mehl zum Bearbeiten
150 g Puderzucker

1. Den Mürbeteig zubereiten, aber mit 3 Eßlöffeln Zucker süßen und 30 g Mandelblättchen statt 30 g Mehl verwenden, und dann kühl stellen.

2. Das Marzipan mit dem Eiweiß, dem gesiebten Puderzucker und 30 g Mandelblättchen verkneten. Falls die Masse zu fest sein sollte, etwas Rosenwasser dazugießen.

3. Den Backofen auf 190 °C vorheizen. Den Teig zwischen Frischhaltefolie dünn ausrollen. Wie auf S. 5 beschrieben etwa 12 Kreise mit ungefähr 10 cm Ø ausstechen und mit jeweils 1 Eßlöffel Marzipanmasse füllen.

4. Die Marzipantaschen auf ein mit Backpapier ausgelegtes Backblech setzen. Mit etwas Rosenwasser bestreichen, 15 bis 20 Minuten backen und auf einem Kuchengitter auskühlen lassen.

5. Den gesiebten Puderzucker mit etwas Rosenwasser zu einem dicklichen Guß verrühren und die abgekühlten Teigtaschen damit bestreichen. Die restlichen Mandelblättchen in einer fettfreien Pfanne goldgelb rösten. Das Gebäck damit bestreuen, bevor der Guß völlig getrocknet ist.

Nußtaschen

- Für etwa 12 Teigtaschen, ca. 10 cm Ø
- Zubereitungszeit: ca. 3/4 Std.
- Kühlzeit: ca. 1 Std.
- ca. 410 kcal je Stück
- Zum Backen
- Dazu paßt Tee mit Rum

1 Rezept Mürbeteig (S. 4)
3 EL Rohrzucker, 1-2 EL Rum
80 g Zucker, 20 g Butter
80 g Pinienkerne, 80 g Pistazien
80 g Mandelstifte
Mehl zum Bearbeiten
50 g Herrenschokolade

1. Den Mürbeteig zubereiten, aber ihn mit 3 Eßlöffeln Rohrzucker und Rum statt Wasser herstellen, und kühl stellen.

2. Den Zucker in eine Pfanne schütten und langsam zu einem hellen Karamel schmelzen lassen. Die Pfanne vom Herd nehmen und die Butter dazugeben. Die Nüsse mit dem Karamel verrühren und abkühlen lassen.

3. Den Backofen auf 190 °C vorheizen. Den Teig zwischen Frischhaltefolie dünn ausrollen. Wie auf S. 5 beschrieben etwa 12 Kreise mit ungefähr 10 cm Ø ausstechen und jeweils mit 1 Eßlöffel Nußmasse füllen.

4. Die Nußtaschen auf ein mit Backpapier ausgelegtes Backblech setzen, oben mit einer Gabel mehrmals einstechen, in 15 bis 20 Minuten goldgelb backen und auf einem Kuchengitter abkühlen lassen.

5. Die Schokolade zerkleinern und im Wasserbad verflüssigen. 2 Bogen Butterbrotpapier zu einer Tüte formen und die abgekühlte, aber noch flüssige Schokolade einfüllen. Die Spitze der Tüte knapp abschneiden und die Teigtaschen mit vielen kleinen Schokoladenpunkten garnieren.

Birnen-Mandel-Taschen

- Für etwa 16 Teigtaschen, ca. 10 cm Ø
- Zubereitungszeit: ca. 1 Std.
- ca. 900 kcal je Stück
- Zum Backen
- Dazu paßt Michkaffee

300 g TK-Blätterteig
1 große, reife Birne, etwas Zitronensaft
60 g gemahlene Mandeln, 30 g Mehl
60 g weiche Butter, 60 g Zucker
etwas abgeriebene Zitronenschale
2 Eier, Mehl zum Bearbeiten
150 g Puderzucker
2 EL Birnenschnaps
4 EL Mandelblättchen

1. Den Blätterteig 10 Minuten antauen lassen, dann leicht überlappend nebeneinanderlegen und zwischen Frischhaltefolie dünn ausrollen. Wie auf S. 5 beschrieben etwa 16 Kreise mit ungefähr 10 cm Ø ausstechen.

2. Die Birne schälen, das Kerngehäuse entfernen und die Fruchtstücke fein würfeln. Sofort mit etwas Zitronensaft beträufeln. Die gemahlenen Mandeln mit dem Mehl mischen.

3. Die Butter mit dem Zucker sehr schaumig rühren, mit etwas Zitronenschale würzen und die Eier hinzufügen. Die Masse kräftig rühren und mit den Mandeln sowie den Birnenstücken vermengen. Die Teigkreise mit jeweils 1 Eßlöffeln Birnenmasse füllen.

4. Den Backofen auf 220 °C vorheizen. Die Teigtaschen auf ein mit kaltem Wasser abgespültes Backblech setzen und die Oberfläche mit einer Gabel mehrmals einstechen. 15 bis 20 Minuten backen und abkühlen lassen.

5. Den gesiebten Puderzucker mit dem Birnenschnaps verrühren, die Teigtaschen damit bestreichen und mit einigen Mandelblättchen bestreuen.

Orangen-Marzipan-Taschen

- Für etwa 12 Teigtaschen, ca. 10 cm Ø
- Zubereitungszeit: ca. 3/4 Std.
- Kühlzeit: ca. 1 Std.
- ca. 430 kcal je Stück
- Zum Backen
- Dazu paßt Kakao

1 Rezept Mürbeteig (S. 4)
1 unbehandelte Orange, 3 EL Zucker
50 g Weizenvollkornmehl
200 g Marzipanrohmasse
50 g Puderzucker
4 EL gehackte Mandeln
8 EL Rum, Mehl zum Bearbeiten
100 g Halbbitter-Kuvertüre
3 EL gehackte Pistazien

1. Den Mürbeteig zubereiten. Statt Wasser den Orangensaft verwenden und 50 g helles Mehl durch Vollkornmehl ersetzen. Die abgeriebene Schale von 1/2 Orange zufügen, mit 3 Eßlöffeln Zucker süßen. Kühl stellen. Marzipan, Puderzucker, Mandeln, Rum, mit der abgeriebenen Schale der anderen Orangenhälfte sowie dem restlichen Orangensaft verkneten.

2. Den Backofen auf 190 °C vorheizen. Den Teig zwischen Frischhaltefolie dünn ausrollen. Wie auf S. 5 beschrieben etwa 12 Kreise mit ungefähr 10 cm Ø ausstechen und mit jeweils 1 Eßlöffel Orangen-Marzipan-Masse füllen.

3. Die Teigtaschen auf ein mit Backpapier ausgelegtes Backblech legen, mit einer Gabel mehrmals einstechen, in 15 bis 20 Minuten goldgelb backen und auf einem Kuchengitter abkühlen lassen. Kuvertüre grob hacken und im Wasserbad verflüssigen. So lange rühren, bis sie abgekühlt ist, nochmals erwärmen. Die Teigtaschen damit dünn überziehen und mit den Pistazien bestreuen.
(auf dem Foto: oben)

Mohntaschen

- Für etwa 14 Teigtaschen, ca. 12 cm Ø
- Zubereitungszeit: ca. 1 1/4 Std.
- Ruhezeit: ca. 1 Std.
- ca. 490 kcal je Stück
- Zum Backen
- Dazu paßt Kaffee mit Schlagsahne

1 Rezept Hefeteig (S. 6)
3 EL Zucker, 400 g gemahlener Mohn
150 g Honig, 80 g Rohrzucker
2 Msp. Salz
100 g gehackte Mandeln
2 EL Zitronensaft
abgeriebene Schale von 1 Zitrone
Mehl zum Bearbeiten
2 Eigelb, 1 EL Rum
1 EL Mohnsamen

1. Den Hefeteig zubereiten, aber mit 3 Eßlöffeln Zucker süßen, und ruhen lassen.

2. Für die Füllung den Mohn mit dem Honig und dem Zucker in einem Topf mischen und 5 Minuten kräftig kochen lassen. Salz, gehackte Mandeln, Zitronensaft und -schale zum Mohn geben. Die Füllung abkühlen lassen, dabei öfter umrühren.

3. Den Backofen auf 190 °C vorheizen. Den Teig zwischen Frischhaltefolie dünn ausrollen. Wie auf S. 5 beschrieben etwa 14 Kreise mit ungefähr 12 cm Ø ausstechen und mit jeweils 2 Eßlöffeln Mohnmasse füllen.

4. Die Mohntaschen auf ein mit Backpapier ausgelegtes Backblech setzen und oben mit einer Gabel mehrmals einstechen. Die Eigelbe mit dem Rum mischen und die Teigtaschen damit mehrmals bestreichen. Mit den Mohnsamen bestreuen und 15 bis 20 Minuten backen.
(auf dem Foto: unten)

ZEITINTENSIV · NUSSIG

Teigtaschen mit kandierten Früchten

- Für etwa 12 Teigtaschen, ca. 10 cm Ø
- Zubereitungszeit: ca. 3/4 Std.
- Kühlzeit: ca. 1 Std.
- ca. 350 kcal je Stück
- Zum Backen
- Dazu paßt Rotweinpunsch

1 Rezept Mürbeteig (S. 4)
3 EL Zucker, 1 Msp. Kardamom
50 g getrocknete Feigen
50 g Rosinen, 50 g Zitronat
24 halbe Walnußkerne
200 g gemischte, kandierte Früchte
1/2 TL Lebkuchengewürz, 3 EL Rum
Mehl zum Bearbeiten
150 g Puderzucker
Streifen von 1 unbehandelte Zitrone

1. Den Mürbeteig zubereiten, aber mit dem Zucker und dem Kardamom würzen. Kühl stellen. Die Feigen würfeln und mit den Rosinen und dem Zitronat mischen. 12 halbe Walnußkerne beiseite legen. Die Hälfte der Kerne mahlen, die andere Hälfte grob hacken.

2. Die kandierten Früchte ebenfalls kleinschneiden, alles zur Rosinenmischung geben. Die Füllung mit dem Lebkuchengewürz und 1 Eßlöffel Rum würzen. Den Backofen auf 190 °C vorheizen. Den Teig zwischen Frischhaltefolie dünn ausrollen. Wie auf S. 5 beschrieben etwa 12 Kreise mit 10 cm Ø ausstechen und mit jeweils 1 Eßlöffel Fruchtmasse füllen.

3. Die Teigtaschen auf ein mit Backpapier ausgelegtes Backblech setzen, 15 bis 20 Minuten backen und abkühlen lassen. Den gesiebten Puderzucker mit dem restlichen Rum verrühren. Die Teigtaschen mit dem Guß bestreichen und jeweils mit 1/2 Walnuß und einigen Zitronenschalenstreifen garnieren.

Süße Karottentaschen

- Für etwa 12 Teigtaschen, ca. 10 cm Ø
- Zubereitungszeit: ca. 1 1/2 Std.
- Kühlzeit: ca. 1 Std.
- ca. 290 kcal je Stück
- Zum Backen
- Dazu paßt Schlagsahne

1 Rezept Mürbeteig (S. 4), 175 g Zucker
100 g gemahlene Haselnüsse
70 g gemahlene Mandeln
20 g Speisestärke, 3 Eier
125 g Karotten
etwas abgeriebene Zitronenschale
1/2 TL Zimt, Mehl zum Bearbeiten
150 g Aprikosenkonfitüre
100 g Marzipanrohmasse
30 g Puderzucker
rote Speisemittelfarbe, 3 Pistazien

1. Teig zubereiten, aber mit 3 Eßlöffeln Zucker süßen und 30 g Mehl durch 30 g gemahlene Haselnüsse ersetzen, kühl stellen. Nüsse mit den Mandeln und Speisestärke mischen. Eier mit Zucker schaumig rühren. Karotten schälen und fein zur Butter-Zucker-Mischung reiben. Nüsse zufügen. Alles mit etwas abgeriebener Zitronenschale und Zimt würzen.

2. Den Backofen auf 190 °C vorheizen. Den Teig dünn ausrollen. Wie auf S. 5 beschrieben 12 Kreise ausstechen und jeweils mit 1 Eßlöffel Karottenmasse füllen. Teigtaschen auf ein mit Backpapier ausgelegtes Backblech setzen, 15 bis 20 Minuten backen und abkühlen lassen. Konfitüre erwärmen, durch ein Sieb streichen und die Teigtaschen damit überziehen.

3. Marzipan mit Puderzucker verkneten, mit wenig Speisemittelfarbe orangerot färben und 12 kleine Karotten formen. Pistazien längs vierteln, in das dickere Ende der Marzipankarotten stecken. Jede Teigtasche mit 1 Karotte garnieren.

Unser Tip

Hrsg.: S. von Küster
ISBN: 3-8068-**1851**-7

Hrsg.: S. von Küster
ISBN: 3-8068-**1852**-5

Hrsg.: M. Sauerborn
ISBN: 3-8068-**1950**-5

Von S. Carlsson
ISBN: 3-8068-**1952**-1

Hrsg.: E. Meyer zu Stieghorst
ISBN: 3-8068-**1948**-3

Hrsg.: E. Fuhrmann
ISBN: 3-8068-**1951**-3

Alle Bände durchgehend vierfarbig,
64 Seiten, ca. 50 Farbfotos, kartoniert.
DM 9,90

FALKEN

Der Spezialist für nützliche Bücher

Stand der Preise 1.6.1997 · Änderungen vorbehalten

Rezeptverzeichnis

Dieses Buch gehört zu einer Kochbuchreihe, die die beliebtesten Themen aus dem Bereich Essen und Trinken aufgreift. Fragen Sie Ihren Buchhändler.

Bei diesem Buch handelt es sich um eine überarbeitete Ausgabe des bereits unter dem Titel „Teigtaschen" (1700) erschienenen Buches.

Dieses Buch wurde auf chlorfrei gebleichtem und säurefreiem Papier gedruckt.

ISBN 3 8068 1969-6

Umschlaggestaltung: Peter Udo Pinzer
Gestaltungskonzeption: Christa Johanna Gramm
Redaktion: Lore Pötz
Redaktion dieser Auflage: Tanja Schindler
Umschlagfotos: TLC Foto Studio GmbH, Velen-Ramsdorf vorne: „Teigtaschen mit Spinat und Schafskäse", S. 43; hinten: „Quarktaschen", S. 57)
Fotos: TLC-Foto-Studio GmbH, Velen-Ramsdorf außer: S. 1, 8, 22, 36, 48: FALKEN Archiv
Produktion: Dr. Reitter & Partner GmbH, Vaterstetten
Satz: Dr. Reitter & Partner GmbH, Vaterstetten
Druck: Ludwig Auer GmbH, Donauwörth

170000597 X 817 2635 4453 6271